天津市哲学社会科学规划项目 TJWW16-006Q

·当代语言学丛书·

基于功能翻译理论的中央文献对外翻译研究
——以《政府工作报告》日译为例

蒋芳婧 著

中央编译出版社
Central Compilation & Translation Press

图书在版编目（CIP）数据

基于功能翻译理论的中央文献对外翻译研究：以《政府工作报告》日译为例 / 蒋芳婧著. —北京：中央编译出版社, 2018.1
ISBN 978-7-5117-3390-0

Ⅰ. ①基…
Ⅱ. ①蒋…
Ⅲ. ①文献—翻译—研究
Ⅳ. ① H059

中国版本图书馆 CIP 数据核字（2017）第 226807 号

基于功能翻译理论的中央文献对外翻译研究：以《政府工作报告》日译为例

出版统筹：	贾宇琰
责任编辑：	曲建文
执行编辑：	程　彤
责任印制：	刘　慧
出版发行：	中央编译出版社
地　　址：	北京西城区车公庄大街乙 5 号鸿儒大厦 B 座（100044）
电　　话：	（010）52612345（总编室）　（010）52612370（编辑室）
	（010）52612316（发行部）　（010）52612346（馆配部）
传　　真：	（010）66515838
经　　销：	全国新华书店
印　　刷：	廊坊市海涛印刷有限公司
开　　本：	710 毫米 × 1000 毫米　1/16
字　　数：	127 千字
印　　张：	13.25
版　　次：	2018 年 1 月第 1 版
印　　次：	2018 年 1 月第 1 次印刷
定　　价：	46.00 元
网　　址：	www.cctphome.com　邮　箱：cctp@cctphome.com
新浪微博：	@中央编译出版社　微　信：中央编译出版社（ID：cctphome）
淘宝店铺：	中央编译出版社直销店（http://shop108367160.taobao.com）　（010）52612349

本社常年法律顾问：北京市吴栾赵阎律师事务所律师　闫军　梁勤
凡有印装质量问题，本社负责调换，电话：（010）55626985

序

"讲好中国故事",传播好中国声音,是建设新时代中国,实现中国梦的重要举措。中国故事、中国声音有多种媒体形式和方法表述、传播,将中国政府的声音——领导人的讲话、著作、每年一度的《政府工作报告》等翻译传播出是最直接和有效的形式之一。近年来,每年两会召开之际,中央编译局都同时将报告翻译成多种外文和少数民族语言,直接传递出了中国声音,深受好评。

翻译《政府工作报告》是一项艰巨的工作,不但要及时,还要准确,经得起推敲。网上和文字推出的《政府工作报告》译文体现了译者的匠心,达到了相当高的水准。但是由于时间紧、内容丰富,还有部分可商榷的地方。加大对《政府工作报告》译文的分析和研究是翻译实践与研究的重要内容,也是传播中国声音的重要举措,意义重大。

研究《政府工作报告》等重要文献的翻译需要两方面的努力。其一是有效运用翻译理论,其二是在对受众调查的基础上进行实证性研究。蒋芳婧博士的本部著作恰恰在这两方面做出了突破。

首先作者梳理并介绍进行研究的理论基础,即德国功能翻译学派的主要理论和观点,重点介绍本书所借鉴的理论与观点,即"翻译行为论""文本类型论""目的论"以及"功能加忠诚";并将上述理论与政府工作报告的翻译实践相结合,提出翻译行为分析框架以及理论对实践的启示功能翻译理论的指导下,提出了将中央文献对外翻译行为视为包括翻译发起者、原文作者、译者、受众等主要参与者在内的跨文化交际行为的理论分析框架。

其二作者历时三年对译者与受众进行多次访谈和问卷调查,综合运用访谈法、问卷调查法、语料库工具等方法,通过对调查结果进行定性与定量的分析，基于受众反馈结果对2013至2015年政府工作报告日译本的翻译质量予以肯定的同时，结合功能翻译理论向译者提出了建议。为进一步提高中央文献对外翻译与传播的效果，分别对翻译发起者、原文作者、译者提出对策与建议。

同时，作者还基于2013—2016年间对政府工作报告日文译者多次访谈的内容，分析译者对该翻译目的与功能、翻译难点、翻译策略的认知，并尝试明确译者在此翻译行为中的具体形象。

《政府工作报告》的外译研究，目前多集中于英语，英语以外的语种的翻译研究不多见，有待充实。语料库和调查法等实证研究方法应用较少等。蒋芳婧博士的本项研究弥补了这方面的不足，在一定程度上回应了上述问题，对今后的翻译研究、特别是中央文献的翻译实践与研究启发甚大。

本著作是蒋芳婧博士在中央编译局做博士后出站报告的基础上整理、雕琢而成，体现了她在此期间的工作成果，也体现出中央编译局众多老师的指导。祝贺蒋芳婧博士，希望本著作的出版为译届、特别是中译日提供更深入讨论翻译理论与实践的平台。

中国翻译协会　副会长
天津外国语大学博士生导师　修刚

前　言

在"讲好中国故事"、推动中国文化走出去的时代背景下，做好包括政府工作报告在内的中央文献的对外翻译与传播工作十分重要。本书以政府工作报告日文翻译为例，在功能翻译理论的指导下，提出将中央文献对外翻译行为视为包括翻译发起者、原文作者、译者、受众等主要参与者在内的跨文化交际行为的理论分析框架。历时三年对译者与受众进行多次访谈和问卷调查，综合运用访谈法、问卷调查法、语料库工具等，对调查结果进行定性与定量分析，基于受众反馈结果对2013至2015年政府工作报告日译本的翻译质量予以肯定，同时结合功能翻译理论向译者提出建议。

本书共分九章。第一章绪论简要阐述问题意识，总结现有研究取得的成果，并介绍本书主要研究方法以及研究意义。第二章梳理并介绍本书的理论基础，即德国功能翻译学派的主要理论和观点，重点介绍本书所借鉴的理论与观点，即"翻译行为论""文本类型论""目的论""功能加忠诚"；将上述理论与政府工作报告的翻译实践相结合，提出翻译行为分析框架及其对实践的启示。第三章在翻译行为分析框架的基础上，进一步分析政府工作报告对日翻译行为的发起人、作者、译者以及受众的所指及其特征。

第四章基于2013—2016年间对政府工作报告日文译者进行的多次访谈，分析译者对该翻译目的与功能、翻译难点、翻译策略的认知，并尝试明确译者在翻译行为中的具体形象。

第五章与第六章分别介绍2013—2015年间面向日本受众所做的三次小规模访谈与问卷调查以及一次较大规模的问卷调查，通过分析调查结果，明确受众对政府工作报告日译本的评价与反馈，在此基础上总结受众对日译本的评价以及对译者的启示。

第七章基于笔者参加2016年政府工作报告中译日翻译实践的体验,分别从"功能"与"忠诚"两个角度考察并评价2016年政府工作报告中译日的翻译行为,同时也指出其中存在的不足,提出相应对策。

第八章分析政府工作报告原文的文本性质及其功能、制订过程,并使用语料库工具考察近九年政府工作报告原文文体风格的转变,通过新闻等资料考察政府工作报告原文及其译本对内、对外传播方式以及传播效果的转变问题,为今后提升对外传播效果提出建议。

第九章是本书的结论部分,在简要回顾前八章内容的基础上,回答绪论中提出的四个问题,再次思考政府工作报告中译日翻译行为的主要主体——发起人、原文作者、译者与受众的角色与作用,重点探讨发起人与译者为提高对外传播效果可以采取哪些策略;在此基础上,为从事外宣工作的译者和相关部门提出对策与建议。

迄今为止,在中央文献外译的研究方面,存在翻译理论与实践联系较少,目标语为英语以外的研究有待充实、语料库和调查法等研究方法应用较少等问题,本书在一定程度上做出了回应。希望本书能在以下几个方面对读者有所启发:

首先,拓宽翻译研究视野。本书借用德国功能翻译学派的翻译理论框架,分析政府工作报告中译日翻译行为中涉及的其他行为主体,关注翻译文本以外的翻译学问题。

其次,丰富翻译研究的方法。本书通过采用调查法与访谈法等以往翻译学研究中较少使用的方法,尝试将定性与定量研究相结合,希望有助于推动翻译研究方法的创新。

最后,通过分析问卷调查与访谈结果,明确受众反应与需求,为提高翻译与传播效果提出对策建议,供翻译实践者参考;结合日本受众的反馈意见,为翻译行为中的各个主体分别提出建议,以求实现翻译功能与目的,供有关部门决策时参考,以便更好地"讲好中国故事,传播好中国声音"。

由于笔者学识水平和研究能力有限,书中内容难免有错误和疏漏之处,敬请读者批评、指正。

作　者
2017 年 9 月于天津

目录

第一章 绪论 ... 1
第一节 本书主要课题 ... 1
第二节 中央文献定义与翻译研究成果综述 ... 2
（一）中央文献中译外研究 ... 2
（二）《政府工作报告》外译研究现状 ... 10
第三节 研究方法与研究意义 ... 11
第四节 本书结构 ... 13

第二章 理论基础——功能翻译理论 ... 15
第一节 功能翻译理论的代表人物与主要观点 ... 16
（一）赖斯的文本类型理论 ... 16
（二）曼塔里的翻译行为论 ... 18
（三）弗米尔的目的论 ... 19
（四）诺德的"功能加忠诚"论 ... 20
第二节 功能翻译理论与文献翻译实践 ... 22
第三节 关于翻译行为参与者的理论框架 ... 25
（一）翻译过程 ... 25
（二）翻译过程的各行为主体 ... 30
第四节 小结 ... 31

第三章 《政府工作报告》翻译行为论分析 ... 33
第一节 发起人 ... 33
第二节 原文作者 ... 34

第三节　译者 …………………………………………… 36
第四节　受众 …………………………………………… 38
　（一）目的语文本使用者与目的语接受者 …………… 38
　（二）专业型受众与普通型受众 ……………………… 39
　（三）《政府工作报告》日译本的受众与定位 ……… 40
第五节　文本类型 ……………………………………… 41
第六节　翻译目的 ……………………………………… 42
　（一）发起人、原作者与译者的目的 ………………… 43
　（二）受众的目的 ……………………………………… 44
　（三）《政府工作报告》的翻译目的 ………………… 45

第四章　译者访谈 ………………………………………… 47
　第一节　译者访谈的背景介绍 ………………………… 48
　第二节　译者对翻译目的与文本类型的认知 ………… 48
　第三节　译者对翻译难点的认知 ……………………… 50
　第四节　译者对翻译理论和策略的认知 ……………… 51
　第五节　译者对现有译本问题点的认知 ……………… 52
　第六节　小结 …………………………………………… 53

第五章　三次小规模受众调查的分析与启发（2013—2015年）… 56
　第一节　2013年《政府工作报告》日译本受众访谈调查 …… 57
　　（一）调查方法与受众 ……………………………… 57
　　（二）调查结果归纳与分析 ………………………… 59
　　（三）对2013年访谈结果的思考 …………………… 60
　　（四）"2013年访谈"的小结 ………………………… 69
　第二节　2014年《政府工作报告》日译本的受众调查
　　研究 ………………………………………………… 70
　　（一）调查方法与受众 ……………………………… 70
　　（二）调查结果归纳与分析 ………………………… 71
　　（三）"2014年调查"的小结 ………………………… 79
　第三节　2015年《政府工作报告》日译本的受众调查
　　研究 ………………………………………………… 80
　　（一）调查方法与受众 ……………………………… 80

（二）调查结果归纳与分析 …………………………… 81
　　（三）"2015年调查"的小结 ………………………… 87
第四节　三次小规模受众调查的成果与不足 …………………… 88
　　（一）三次小规模受众调查的成果 …………………… 88
　　（二）三次小规模受众调查存在的不足 ……………… 90

第六章　较大规模的受众调查分析与启示 ………………………… 91
第一节　问卷设计 ………………………………………………… 91
　　（一）题型：选择为主、开放式填写为辅 …………… 91
　　（二）调查目的 ………………………………………… 92
第二节　调查概要 ………………………………………………… 92
第三节　调查结果与分析 ………………………………………… 95
第四节　调查结果的定量分析 ………………………………… 134
　　（一）"年龄"与"评价"的相关性 ………………… 135
　　（二）"职业"与"评价"的相关性 ………………… 135
　　（三）"学历"与"评价"的相关性 ………………… 136
　　（四）"中文程度"与"评价"的相关性 …………… 137
　　（五）调查结果的启示 ………………………………… 138
第五节　基于功能翻译理论的受众反馈译例探讨 …………… 140
　　（一）文本类型 ………………………………………… 141
　　（二）目的论三原则 …………………………………… 142
　　（三）基于功能翻译理论的翻译对策 ………………… 144

**第七章　基于"功能加忠诚"原则考察2016年《政府工作报告》
日译** ……………………………………………………………… 146
第一节　翻译背景介绍 ………………………………………… 146
第二节　《政府工作报告》对外翻译任务的特点 …………… 148
　　（一）背景知识要求高 ………………………………… 148
　　（二）术语多 …………………………………………… 149
　　（三）遣词造句高度浓缩 ……………………………… 150
第三节　基于诺德"功能加忠诚"理论的考察 ……………… 151
　　（一）诺德的"功能加忠诚"理论 …………………… 151
　　（二）从"功能"原则进行考察 ……………………… 152

　　　　（三）从"忠诚"原则进行考察 ……………………… 153
　第四节　小结 ……………………………………………… 157

第八章　《政府工作报告》文体风格的变化与传播方式创新 …… 159
　第一节　《政府工作报告》的性质与功能 ………………… 159
　第二节　《政府工作报告》的制订、文本特征与历年变化 …… 160
　　　　（一）制订过程（以2016年为例）………………… 160
　　　　（二）从语料库统计看《政府工作报告》文体历年
　　　　　　　变化 ……………………………………………… 161
　　　　（三）2016年《政府工作报告》的文体特点与
　　　　　　　受众反应 ………………………………………… 164
　第三节　《政府工作报告》的传播与传播方式创新 ……… 165
　　　　（一）对内传播与创新 …………………………… 166
　　　　（二）《政府工作报告》对外传播方式创新——以日本
　　　　　　　为例 …………………………………………… 167
　第四节　小结 ……………………………………………… 169

第九章　结论——中央文献对外翻译的对策与建议 …………… 170
　第一节　对《政府工作报告》中译日行为的再思考 ……… 170
　　　　（一）目的：发起者、原文作者、译者、受众的
　　　　　　　目的及评价 …………………………………… 171
　　　　（二）功能：译者、受众认为的功能及评价 ……… 172
　　　　（三）与对日传播的关系及思考 ………………… 173
　第二节　对策与建议 ……………………………………… 174
　　　　（一）发起者 ……………………………………… 174
　　　　（二）原作者 ……………………………………… 175
　　　　（三）译者 ………………………………………… 175
　　　　（四）传播者 ……………………………………… 176
　第三节　本书的价值及今后课题 ………………………… 176

参考文献 ……………………………………………………… 180
附录　中国『政府活動報告書』日訳文の日本人読者アンケート … 187
后　记 ………………………………………………………… 194

表索引

表 6.1　受调查者年龄层分布 ······················· 95
表 6.2a　受调查者职业分布 ························ 97
表 6.2b　选择"其他"人员职业的填写情况 ············· 97
表 6.3　学历构成 ································· 98
表 6.4　中文理解程度 ····························· 99
表 6.5　听说过或读过《政府工作报告》的比例 ········· 100
表 6.6　受众对"国家治理"译法的偏好 ··············· 102
表 6.7　受众对"改革红利"译法的偏好 ··············· 104
表 6.8　受众对译文加注方式的偏好 ·················· 105
表 6.9　受众对"促进民生"中"民生"的译法偏好 ······ 107
表 6.10　受众对"民生"的译法偏好 ·················· 108
表 6.11　受众对"啃硬骨头"的译法偏好 ·············· 109
表 6.12　受众对"爬坡过坎""拦路虎"的译法偏好 ····· 111
表 6.13　受众对"镇定剂"的译法偏好 ················ 113
表 6.14　受众对"大自然亮起红灯"的译法偏好 ········ 114
表 6.15　受众对"村村通""户户通"的译法偏好 ······· 115
表 6.16　受众对破折号的使用偏好 ··················· 117
表 6.17　受众对短句与长句的偏好 ··················· 118
表 6.18　受众对"创客"的接受及译法偏好 ············ 119
表 6.19　受众对"一带一路"一词的接受及译法偏好 ···· 120
表 6.20　受众对三个"始终"排比句的译法偏好 ········ 122

表 6.21 影响受众阅读意愿的生词数量 …………………………… 123
表 6.22 受众对"理解难易度"的选择 …………………………… 124
表 6.23 受众对"流畅程度"的选择 ……………………………… 125
表 6.24 受众对"日语地道程度"的选择 ………………………… 125
表 6.25 受众对"文章易读程度"的选择 ………………………… 126
表 6.26 四位日本专业型受众的代表性意见原文 ……………… 128
表 6.27 关于受众较难理解的内容举例以及解决方法提议的
原文 ………………………………………………………… 132
表 6.28 受众"年龄"与"评价"之间的相关性 ………………… 135
表 6.29 受众"职业"与"评价"之间的相关性 ………………… 136
表 6.30 受众"学历"与"评价"之间的相关性 ………………… 137
表 6.31 受众"中文程度"与"评价"之间的相关性 …………… 137
表 8.1 2009—2017 年《政府工作报告》原文字频、词频、
句长对比 …………………………………………………… 162

图索引

图 6.1　受调查者年龄层分布 ⋯⋯⋯⋯⋯⋯⋯⋯⋯⋯⋯⋯ 96
图 6.2　学历构成 ⋯⋯⋯⋯⋯⋯⋯⋯⋯⋯⋯⋯⋯⋯⋯⋯⋯ 98
图 6.3　中文理解程度 ⋯⋯⋯⋯⋯⋯⋯⋯⋯⋯⋯⋯⋯⋯⋯ 99
图 6.4　听说过或读过《政府工作报告》的比例 ⋯⋯⋯⋯⋯ 100
图 6.5　(问 2 中选择"读过"的受调查者)阅读报告的目的
　　　　(复选) ⋯⋯⋯⋯⋯⋯⋯⋯⋯⋯⋯⋯⋯⋯⋯⋯⋯ 101
图 6.6　受众对中国感兴趣的方面 ⋯⋯⋯⋯⋯⋯⋯⋯⋯⋯ 101
图 6.7　受众对"国家治理"译法的偏好 ⋯⋯⋯⋯⋯⋯⋯⋯ 103
图 6.8　受众对"改革红利"译法的偏好 ⋯⋯⋯⋯⋯⋯⋯⋯ 104
图 6.9　受众对译文加注方式的偏好 ⋯⋯⋯⋯⋯⋯⋯⋯⋯ 106
图 6.10　受众对"促进民生"中"民生"的译法偏好 ⋯⋯⋯ 107
图 6.11　受众对"民生"的译法偏好 ⋯⋯⋯⋯⋯⋯⋯⋯⋯ 108
图 6.12　受众对"啃硬骨头"的译法偏好 ⋯⋯⋯⋯⋯⋯⋯ 110
图 6.13　受众对"爬坡过坎""拦路虎"的译法偏好 ⋯⋯⋯ 111
图 6.14　受众对"镇定剂"的译法偏好 ⋯⋯⋯⋯⋯⋯⋯⋯ 113
图 6.15　受众对"大自然亮起红灯"的译法偏好 ⋯⋯⋯⋯ 114
图 6.16　受众对"村村通""户户通"的译法偏好 ⋯⋯⋯⋯ 115
图 6.17　受众对破折号的使用偏好 ⋯⋯⋯⋯⋯⋯⋯⋯⋯ 117
图 6.18　受众对短句与长句的偏好 ⋯⋯⋯⋯⋯⋯⋯⋯⋯ 118
图 6.19　受众对三个"始终"排比句的译法偏好 ⋯⋯⋯⋯ 122
图 6.20　影响受众阅读意愿的生词数量 ⋯⋯⋯⋯⋯⋯⋯ 123

图 6.21 受众对"理解难易度"的选择 …………………… 124

图 6.22 受众对"流畅程度"的选择 ………………………… 125

图 6.23 受众对"日语地道程度"的选择 …………………… 126

图 6.24 受众对"文章易读程度"的选择 …………………… 127

第一章 绪论

第一节 本书主要课题

2015年5月21日,习近平总书记在《人民日报·海外版》创刊30周年的重要批示中指出,外宣工作要"用海外读者乐于接受的方式、易于理解的语言,讲述好中国故事,努力成为增信释疑、凝心聚力的桥梁纽带"。这是继2013年8月在全国宣传思想工作会议上提出"要精心做好对外宣传工作,创新对外宣传方式,着力打造融通中外的新概念新范畴新表述,讲好中国故事,传播好中国声音"之后,习总书记再次明确指示要创新对外宣传方式,"讲好中国故事"。

包括政府工作报告在内的中央文献(或称"党政重要文献")作为中华文化的重要组成部分,其对外翻译与传播是"讲好中国故事"的重要一环,对推动中华文化走出去、维护意识形态安全、打造中国的国际话语体系等具有极其重要的理论意义和现实意义。每年3月两会上由国务院总理所做的政府工作报告,体现着中国的大政方针,是中央文献的重要组成部分,也是中国声音的重要组成部分。准确到位的政府工作报告外译本,是向国际社会传递中国在各个领域发生的变化和所取得的进步、帮助世界了解中国特色社会主义建设理论成果和实践经验的重要载体。

在"讲好中国故事"、打造中国国际话语体系、提高国家软实力的宏观背景下,本书以政府工作报告的日译为例,探讨中央文献的对外翻译与传播问题。主要探讨以下四个问题:

第一,在功能主义翻译理论框架下,将国务院政府工作报告的中译日翻译视作一个跨文化交际行为时,该翻译行为涉及哪些主体?它们具有哪些基本特点?

第二,国务院《政府工作报告》日译本的功能和目的是什么?现有译本是否实现了该功能与目的?

第三,日本受众是跨文化交际行为中的另一方,他们对于国务院政府工作报告的日译本评价如何?

第四,译者和相关主体可以采取哪些方法,在哪些方面努力,以求"讲好中国故事,传播好中国声音",提高国务院政府工作报告对外翻译与传播的效果?

第二节 中央文献定义与翻译研究成果综述

本节基于中国知网(CNKI)数据库论文调查,结合图书馆等途径搜集到的相关研究成果,归纳分析政府工作报告翻译的研究现状,总结现有研究所取得的成果。以下从中央文献的对外翻译研究和政府工作报告的对外翻译研究两个方面进行分析述评。

(一) 中央文献中译外研究

《政府工作报告》属于中央文献的一个组成部分,笔者认为在进入《政府工作报告》研究现状分析之前,有必要先明确中央文献翻译研究的对象与研究现状,以便更好地把握《政府工作报告》对外翻译的定位与研究状况。就中央文献翻译研究而言,从笔者检索到的研究成果的数据来看,直至20世纪末,其受关注程度较低,相关研究成果较少,进入21世纪以后相关研究成果才逐渐增多,并呈迅速增长的态势。尤其值得注意的是,出现了专门从事中央文献翻译研究的研究基地:2011年11月23日,中共中央编译局与天津外国语大学联合创办的中央文献翻译研究基地举行揭牌仪式,向社会各界宣布中央文献翻译研究基地正式成立。中央文献翻译研究基地的主要任务是开展党和国家重要文献的翻译研究及培养高层次对外翻译人才,开展中央文献翻译人才培养项目与党和国家重要文献对外翻译研究项目。该基

第一章 绪论

地的学术刊物《中译外研究》于 2013 年下半年创刊，每半年一辑，主要刊发以中央文献对外翻译为主题的论文。可以认为，该研究基地的正式成立标志着中央文献翻译研究进入一个新的阶段。

在讨论中央文献翻译研究现状之前，首先有必要明确"中央文献"的具体所指。结合百度与中国知网的搜索结果，目前与翻译有关的"中央文献"一词的使用者主要是中央编译局中央文献翻译部及与其有关的译者、研究者，因此可以借鉴该部门与相关译者专家的论述来界定"中央文献"的具体内容及其特点。

根据中央编译局中央文献部的官方网页简介①，"中央文献"应包括党和国家领导人的著作、全国人民代表大会和中国共产党全国代表大会的主要文件。卢敏（2002）对中央文献翻译的具体内容的描述更为详细，据其所述，中央文献翻译对象具体包括如下内容：中国老一辈无产阶级革命家的著作、中央重要文献、全国人民代表大会的政府工作报告、计划报告、财政报告等文件以及党的全国代表大会的文件。贾毓玲（2011）指出，中央文献翻译包括领袖著作、党和国家领导人重要讲话、党代会主要文件、中央全会决议、全国两会主要文件等重要文献的翻译。卢敏与贾毓玲均为中央编译局译审，其描述与官网简介一样，应视为权威可信的。

综合上述描述可见，目前中央文献的翻译内容主要包括三个组成部分：（1）领袖著作，如《毛泽东选集》《邓小平文选》《江泽民文选》；（2）党和国家领导人重要讲话；（3）党和国家重要会议文件，主要包括：中国共产党全国代表大会主要文件，中国共产党中央委员会全体会议决议，全国人民代表大会的政府工作报告、计划报告、财政报告、全国人大常委会工作报告和中国人民政治协商会议的常务委员会工作报告等。

---

① 相关原文如下："中央文献翻译部源于 1961 年按照中央指示成立的毛泽东著作翻译室，其任务是将我党和国家领导人的著作及全国人民代表大会和中国共产党全国代表大会的主要文件译成外文。……宣传我党、中国的各项方针政策，介绍中国社会主义建设的巨大成就，从而成为中国对外宣传的一个重要窗口。"参见"中共中央编译局中央文献翻译部简介"，URL：http://www.cctb.net/zzjg/wxb/jj（访问时间：2014 年 6 月 20 日）。

中央文献翻译研究的对象即上述中央文献中译外的理论与实践问题。关于中央文献翻译研究在翻译研究学科中的定位，由于中央文献翻译目的是对外宣传，因此可以将其归为外宣翻译的子项，是外宣翻译的一个重要组成部分。关于中央文献翻译的目的，中央编译局中央文献部在官方网页简介中明确指出："几十年来，文献翻译部用英、法、西、俄、日五种外文翻译的文献字数总计达数亿字，成功地把老一辈无产阶级革命家的思想介绍给外国读者，宣传我党、中国的各项方针政策，介绍中国社会主义建设的巨大成就，从而成为中国对外宣传的一个重要窗口，多次受到中央领导的肯定和表扬。"尹承东（2009）回顾了中央文献部的由来与几次更名，指出其成立缘起于"中国一些翻译界高瞻远瞩的人士，认为中央有必要设立一个专门的中译外的常设机构服务于对外宣传"。卢敏（2002）明确指出："中央文献翻译的目的是宣传党和国家的路线，方针和政策，介绍中国改革开放的成就，让世界了解中国。"

中央文献翻译是外宣翻译的重要而特殊的组成部分。特殊性表现在其特点上，即与新闻、旅游、企业等外宣翻译相比，中央文献翻译"理论性、政策性和综合性强，具有鲜明的时代特色、实践特色和民族特色"（贾毓玲，2011）。

关于中央文献翻译研究的现状，通过在中国知网、百度等搜索引擎、图书馆藏书、亚马逊等网上书店输入关键词的方式搜索公开发表的中央文献翻译研究成果，搜索到许多论文成果和少量专著。经过梳理，发现现有中央文献翻译研究成果总体呈现以下四个特点。

第一，在成果形式上，论文形式的成果多，专著较少。

第二，在关键词的术语使用上，使用"中央文献"术语的较少，使用"政治文献"表述的较多。例如，笔者在中国知网上以主题词中含有"中央文献"以及"翻译"两个关键词为条件，对所有涉及人文社科论文的数据库跨库检索，只得到35条结果；而以"政治文献"与"翻译"作为关键词搜索时，则得到了122条结果。当笔者使用"政府工作报告"与"翻译"作为关键词搜索时，得到了282条结果。①虽然"政治文献"与"中央文献"有共同点，在范围上也有一

---

① 此处列举数据为2016年4月16日检索结果。

定重合，但二者并不等同。然而目前许多翻译研究者使用"政治文献"一词来代替"中央文献"的概念。如王小萍（2006）将"政治文献"解释为"政治文献主要是指党和国家领导人的言论和讲话、党和政府的文件和工作报告等"，文中"政治文献"一词显然是指"中央文献"。以上情况反映出，"中央文献"作为术语在翻译学界的渗透度和使用度还比较低。

第三，在研究成果的发表年份上，自2008年起研究成果的数量迅速增加，呈直线上升趋势。仅以中国知网检索主题中含有"中央文献+翻译"或者"政治文献+翻译"关键词的结果（2016年4月16日检索）为例，2002年至2007年的成果数量分别为1、5、4、3、4件，均为个位数；2008年跃升为21件，此后逐年增长，2014年达到78件。另外，值得注意的是，这些研究成果中约有1/3为硕士论文，且硕士论文的数量自2009年起有显著增长。为什么会呈现这样的分布特点？笔者认为这与中国在2007年增设翻译硕士专业学位（即Master of Translation and Interpreting，简称MTI）有关。2007年，有15所院校成为首批经国务院学位委员会批准的MTI试点教学单位，2009年，又有25所高校成为新增MTI试点教学单位。MTI学制为两年，首批学生于2009年毕业；招生规模首次扩大的2009年学生恰好在2011年毕业。笔者将硕士论文毕业院校与MTI试点教学单位名单进行比对后，大部分学校在列，印证了笔者的推测。这说明，翻译硕士专业学位的设置在一定程度上推动了中央文献翻译研究，充实并壮大了中央文献翻译研究的队伍。

第四，从研究的考察对象来看，近半数的研究以《政府工作报告》为个案；从研究对象的语种来看，绝大部分研究的对象是汉译英，不过近几年来也逐渐出现了一些汉译日、汉译俄等其他语种的研究成果。

上文中总结了中央文献翻译研究的整体特点，以下对其中影响力较大的代表性成果进行综述。现有中央文献翻译研究成果根据作者的性质大致可以分为两大类：一类是实际参与中央文献翻译的译者结合自身翻译实践，探讨翻译过程中遇到的问题与应对技巧的文章；另一类是未实际参与中央文献翻译的研究者从各种角度对已有译本进行的研究。

首先，第一类翻译实践者的研究成果是中央文献的译者对自己长年翻译经验的总结，其意义不仅在于提供了大量相对权威的、来源于实践的翻译标准、策略与技巧，同时也为研究译者主体性、意识形态对译者译文的操控等问题提供了大量第一手材料。

通过中国知网查询到的此类研究成果主要有卢敏（2002）、程镇球（2003，2004）、徐梅江（2003）、贾毓玲（2003，2011）、张援远（2004）、王弄笙（2004）、王平兴（2008，2011）、尹承东（2009）、童孝华（2013）。除尹承东（2009）外，其他文章探讨的主题大多为如何准确翻译中央文献，虽然在对准确翻译的理解以及为达到准确翻译所采用的策略与技巧上，各译者的切入点与侧重点各有不同，但这些译者均认为好的译文应符合译入语的语法规范，应让受众能够接受。

程镇球（2003）强调并阐释了翻译标准中的忠实原则在中央文献翻译中的应用，提出政治文章的翻译要讲政治，并对译者提出了五点要求：（1）翻译时必须紧扣原文，不得随意删减；（2）要仔细衡量用词的政治含义与影响；（3）要有政策头脑和政治敏感；（4）用词轻重要恰如其分；（5）要推敲用词的主观性与客观性。程镇球（2004）在上述五点基础上补充了第六点，注重时间性，即译文需要根据时代形势的变化而改变；还提及"中式英语"问题，指出"四个现代化""精神文明"等一些有中国特色的说法译入英语后，虽然在初期不为受众接受，但经过一段时间也为人们接受了，这样的译法不能归为"中式英语"。程镇球是外交部资深翻译家，长期参与中央文献翻译工作，他提出的政治性原则对后来的翻译研究产生了重要影响，在中国知网同类论文中的引用次数名列前茅，甚至还有人专门研究他的翻译思想。①

贾毓玲（2003）分析了中央文献翻译容易出现"中式英语"的

---

① 王栩：《政治文献资深翻译家程镇球研究——对政治翻译中"忠实"原则的理解》，载《辽宁行政学院学报》，2008年第7期；刘知洪：《政论翻译家程镇球的翻译策略探讨》，载《四川教育学院学报》，2011年第8期；朱曼：《从操纵学派的角度看程镇球的政治翻译》，载《群文天地》，2011年第22期。

三个成因，提出可在透彻理解原文的基础上，使用替代与主从结构的技巧来减少中式英语。对于一些在英语语库中没有对应说法的中国特色说法，徐梅江（2003）、王弄笙（2004）认为可以依照英语的语言规律，合理创新，创造一些新词或词组。徐梅江（2003）还强调，这类词汇的译法应该标准化，不宜各行其是。王平兴（2008）也强调了词语的规范化问题，提出这类词汇的译文要与时俱进，不断创新，同一词汇要根据上下文与语境选择最合适的译法。

对于可以避免的"中式英语"，张援远（2004）和童孝华（2013）认为译者不应因害怕"犯错"而被原文结构束缚，简单追求字对字的翻译。要摆脱字对字的死板翻译，张援远（2004）提出译者应本着"解放思想，开拓创新，与时俱进"的精神总结翻译领导同志言论的经验和教训，不断摸索改进工作的新途径；童孝华（2013）提出"翻译是一门创意艺术"，对原文中重复累赘的字词要删去不译，要翻译意思，并建议译者"意识到翻译中央文献，在很大的程度上不是政治任务，而是纯正的学术任务，只不过这个任务需要有很高的政治感悟力才能完成好"。

那么，看似重复累赘的词可以删减吗？对此王平兴（2011）持反对意见，他分析了中央文献译文被指存在"迁移性冗余"的问题①，指出"重复不一定都是啰嗦累赘"，认为"那些看似多余的英语词绝大多数并非多余，不能随意删减，否则会影响译文的准确性"，并重申忠实是中央文献翻译的首要标准。②

除上述讨论翻译标准的研究成果之外，边彦耀（2013）探讨了中央文献翻译中的回译问题。此外，现有研究绝大多数讨论英译问题，不过近几年来，对英语以外语种的研究也在增加。例如，张琳娜（2013）讨论了中央文献中成语的汉译俄问题；范大祺（2014）、谢海静（2014）分别讨论了《江泽民文选》的汉译日问题；杨东辉（2016）以《2014年政府工作报告》日译为例，围绕如何将其中的大

---

① 关于中央文献译文的"迁移性冗余"问题，具体请参见武光军：《2010年政府工作报告英译本中的迁移性冗余》，载《中国翻译》，2010年第6期。

② 原文为："如果不得不在不美的信言和不信的美言两者之间做选择，那么政治文献翻译只能选择前者。"

政方针准确地翻译出来并传达给外国媒体和读者,从翻译准备、翻译技巧活用等方面进行了总结;赵蓬蓬(2016)分析了《习近平关于全面深化改革论述摘编》中古语、比喻等的日译。

在非译者关于中央文献翻译的研究成果方面,应该说,此类研究者对中央文献翻译进行的研究在数量上远多于译者的研究,尤其近几年增长迅速。从研究视角来看,主要有基于西方翻译理论的翻译策略分析、译本的翻译批评、受众接受、译者主体性、意识形态操控、翻译史研究等。从研究方法上来看,主要有理论演绎、语料库实证、问卷调查等。以下按研究视角不同进行梳理。

现有中央文献翻译文本的翻译理论与策略分析中,西方翻译理论中的功能对等理论、目的论、异化归化、关联理论、语篇衔接理论运用较多。杜素涛(2008)、李红霞(2010)、徐静(2012)、文燎原(2010)、曾剑平、汪华(2008)分别基于功能对等理论、目的论、异化归化、关联理论、语篇衔接理论对政府工作报告英译本进行了文本特征与策略分析,选取英译本中例句证明该理论或策略对中央文献翻译的实用性和有效性。这类研究引用现有译本中的句子作为实例证明已有翻译理论或策略,有助于翻译理论的诠释与应用普及,然而欠缺批评视角,不能得出有效对策,缺乏翻译理论创新性和翻译实践指导性。需要注意的是,这类论文在现有研究中所占比例较大,重复与模仿现象严重,并且有愈演愈烈的趋势。应该说,这些情况不利于提高中央文献翻译研究水平。

在翻译批评视角下,王小萍(2006)从政治文献翻译特点出发分析了政治文献翻译的难点及其表现形式和成因,提出了相应对策;叶小宝(2012)分析一则领导人讲话英译稿,指出其中翻译错误与审校疏漏,并从翻译的管理者、译者、审稿者、校对者角度提出了提高翻译质量的对策。武光军(2010)从句子和语篇两个层面分析了2010年政府工作报告英译本中的迁移性冗余,提出相应对策,并呼吁译学创新,探索符合中国实际的中译英标准。这类研究成果受到译者与研究者的关注,有较强的翻译实践指导意义。

受众接受是近年翻译研究的关注热点。武光军、赵文婧(2013)从词汇、句子、篇章三个层面调查了2011年《政府工作报告》英译本的读者接受度,发现英译本在词汇与句子方面的问题,并根据被调查者的回答提出了建议。通过向受众发放问卷调查受众接受度的研究方式在现有研究中还非常少,具有新意,其调查结果与分析、建议具有较强的客观性与科学性。不过,该研究存在样本少、取样群体单一等问题,难以代表普通型受众整体。陈大亮(2014)以可读性、可理解性、可接受性的三个要素对《2012 年政府工作报告》英译本的读者接受效果进行了评价。

意识形态对译者的操控也是近年来翻译研究的热点之一。朱晓敏(2011)使用批评话语分析的方法来考察意识形态在翻译行为中所起的作用,通过语料库比较了《政府工作报告》原文、英译文与美国《国情咨文》中第一人称代词复数的使用情况,发现前者出现了显著的增加,既高于原文也高于同类体裁的原创文本,得出批评话语分析方法可行的结论。黎昌抱、陶陶(2011)通过分析《毛泽东选集》的译本风格考察了译者的主体性与受意识形态操控的情况。

语料库的研究方法近年被积极应用于翻译研究。除上文提到的朱晓敏(2011)采用了语料库分析方法外,陈建生、崔亚妮(2010)基于语料库方法对中国《政府工作报告》英译文和美国《国情咨文》的词汇特征进行了对比分析,发现两者在词汇特征上存在差异。赵晶(2010)基于小型双语平行语料库,考察总结了 10 年间《政府工作报告》中泛义动词结构"搞好"的译法,证实了译文相比原文存在的显化倾向,同时也证明了小型双语平行语料库在翻译实践和研究中存在良好的运用前景。

除上述视角之外,近年还出现了研究中央文献翻译史的综合性著作。巫和雄(2013)搜集了大量第一手资料,梳理了《毛泽东选集》英译从发起到出版的全部历程,并探讨了译本面貌的历时变化、译本修订情况及背后动因、译者主体性、译本传播与接受等问题。

上述研究成果的研究对象均为中央文献的英译,目前对中央文献译为英语以外语种的研究成果较少。汉译日方面,孙英彩(2013)探讨了政府工作报告日译本的语篇衔接问题,总结了中央文献汉译日时语篇衔接上的翻译技巧;修刚与米原(2016)探讨了 2015 年《政府工作报告》中的中日"同形词"翻译问题,总结了日本受众对政治文献中同形词译文的认可度,同时提出了政治文献中"同形词"的中译日策略。汉译俄方面,王晔(2014)从术语翻译的角度,探讨了2009—2013年间政府工作报告俄译本中一些典型术语的翻译问题。

综上所述,近年来国内关于中央文献翻译的研究升温,相关研究成果增长迅速。然而,现有研究也存在以下一些问题。第一,虽然研究成果数量近年来增长迅速,然而许多论文研究模式雷同、模仿重复现象严重;第二,研究方法上,实证研究较少;第三,研究视野多集中在对翻译标准、翻译技巧等实践问题上,对翻译实践以外的翻译学问题研究较少;第四,汉译英研究成果多,其他语种研究成果少。因此,中央文献翻译研究在以下三个方面还存在较大的拓展空间:第一,研究方法多样化,在中央文献翻译研究中更多地引进语料库、问卷调查等实证研究法;第二,拓宽研究视野,关注翻译文本以外的翻译学问题;第三,扩大译入语的研究范围,研究中央文献汉译日、汉译俄、汉译法、汉译西、汉译阿等。

(二)《政府工作报告》外译研究现状

上一节从"中央文献"的角度对现有研究成果、特点、不足与展望进行了概括与述评。本书研究对象——国务院政府工作报告是中央文献的重要组成部分,因此上节中提出的特点、不足与展望均可应用于政府工作报告对外翻译的研究现状,本节中不再赘述。上节中已做出较为详细述评的成果,本节也不再赘述。本节仅概述政府工作报告对外翻译研究现状的总体特点与不足。

伴随"中国文化走出去"上升为国家战略,对外翻译研究迅速升温,研究政府工作报告对外翻译也产生了不少成果。中国知网(2015年6月1日数据)上,仅篇名中含有"政府工作报告"和"翻译"的期刊论文就有139篇,硕士、博士论文200余篇。既有如周吉(2006)、蔡绿妍(2013)、曾剑平(2008)等从词汇特征、句子、语篇衔接等语言学视角下的文内翻译研究,也有如金美玉(2011)、李红霞(2010)、黄仕会(2015)等对功能、目的、译者主体性、权力操控、翻译伦理等文外因素的研究。研究对象语言以汉译英居多,但近年也出现了孙英彩(2013)、蒋芳婧(2014)等汉译日的研究。

可以说，政府工作报告对外翻译研究已经突破了传统的语言学视角，出现了文化、社会学转向，研究对象语言范围也有所扩大。但是，现有研究对于对外翻译的服务对象——受众的关注仍然较少，只有武光军（2013）、蒋芳婧（2014）、李楚菡（2015）等少数论文对此进行了研究。此外，现有研究的研究方法以文本分析、文献分析法等居多，语料库工具、调查法等实证的研究方法虽有所应用（如陈建生 2010，朱晓敏 2011 等），但还有待充实。

国外虽有朝日新闻、日本经济新闻、日本总研等众多主流新闻媒体以及三菱东京 UFJ 银行、大和总研等研究机构关注每年的《政府工作报告》及其日译，但翻译学研究成果十分罕见。

可见，近年来国内对《政府工作报告》对外翻译的研究十分重视，出现了大量研究成果，取得了可喜的成就，研究视角不再囿于传统的语言学视角，研究对象语言范围也有所扩大，研究方法多元化，同时也存在以下不足：第一，翻译理论与翻译实践结合不紧密，不少论述存在理论与实践脱节的问题；第二，目标语为英语以外的研究成果整体还有待充实；第三，语料库、访谈法、问卷调查法等实证研究方法应用较少。

第三节 研究方法与研究意义

本书综合采用文献分析法、人物访谈法、问卷调查法、语料库分析法、归纳法、文本分析对比法等研究方法开展研究。

（1）文献分析法。

搜集整理大量相关书籍、论文、新闻报道等相关资料，从中梳理出可用于本书的数据资料。

（2）人物访谈法。

主要与两类人物进行访谈：一是与国务院政府工作报告日译本的译者进行访谈，了解译者在翻译时主观持有的翻译标准与策略等理念。二是对受众代表——日本读者进行访谈，了解其对政府工作报告日译本的理解与接受程度，是否存在理解上的问题，如存在，则存在哪些问题；选择典型的普通型与专业型受众，就问卷调查中发现的典型问题进行深度访谈，更深刻地了解受众的思维方式与偏好需求。

（3）问卷调查法。

就政府工作报告日译本中可能存在的问题设置客观与主观的调查题目，向具有代表性的日本受众发放调查问卷，回收并分析问卷，将问卷结果作为对日译本可能存在的问题提出有效对策建议的参考。问卷形式结合选择题与开放式问题：内容上，从词汇、句法、篇章、文化层面选择典型译例，预设体现归化、异化等不同翻译策略的选项，调查受众偏好；设开放式问题调查受众在阅读译文时遇到的难点与建议。使用定性与定量方法科学分析上述调查的结果，评估日译本的受众接受度，明晰受众偏好，分析利于或不利于受众接受的译文与原因。

（4）语料库分析法。

使用在线语料库工具，分析国务院政府工作报告历年原文的句长、词频等数据，从而明确文体风格的变化趋势。

（5）归纳法。

收集近年国务院《政府工作报告》原文及其权威日译本，对日译文本所体现的翻译标准、策略等特点进行归纳总结。

（6）文本分析对比法。

对国务院《政府工作报告》原文及其权威日译本的历年文本进行分析对比，从中发现典型译例，以便结合理论与调查结果进行阐述。

如前文所述，现有《政府工作报告》外译的研究成果存在翻译理论与翻译实践结合不紧密、目标语为英语以外的研究成果有待充实、语料库和调查法等实证研究方法应用较少等问题，本书将在一定程度上弥补上述问题，为提高中央文献对外翻译与传播效果，"讲好中国故事"提出对策与建议。本书具有如下理论意义与实践意义。

首先，在理论意义方面，（1）拓宽翻译研究视野：借用德国功能翻译学派的翻译理论框架，分析政府工作报告的中译日翻译行为中涉及的其他行为主体，关注翻译文本以外的翻译学问题；（2）丰富翻译研究的方法：通过采用调查法与访谈法等以往翻译学研究中较少使用的方法，有助于推动翻译研究方法的创新，有利于定性与定量研究相结合，文本分析与实证研究结合；(3) 扩大对外翻译研究译入语研究的范围，丰富以日语为译入语的研究成果。

其次，在实践意义方面，(1) 通过问卷调查与访谈结果的科学分析，明确受众的想法与需求，为提高翻译与传播效果提出对策建议，供翻译实践者参考；(2) 结合日本受众的反馈意见，为翻译行为中的各个主体分别提出建议，以求实现翻译功能与目的，供有关部门决策时参考，以便更好地"讲好中国故事，传播好中国声音"。

第四节　本书结构

本书主要章节框架如下。

第一章绪论阐述问题意识，总结现有研究取得的成果，并介绍本书的主要研究方法以及研究意义。

第二章梳理并介绍本书的理论基础，即"翻译行为论""文本类型论""目的论""功能加忠诚"；将上述理论与《政府工作报告》的翻译实践相结合，提出翻译行为分析框架以及理论对实践的启示。

第三章进一步具体分析政府工作报告对日翻译行为的发起人、作者、译者以及受众的所指及其特征。

第四章基于2013—2016年间对政府工作报告日文译者多次访谈的内容，分析译者对该翻译目的与功能、翻译难点、翻译策略的认知，并尝试明确译者在此翻译行为中的具体形象。

第五章与第六章分别介绍2013—2015年间面向日本受众所做的三次小规模访谈与问卷调查以及一次较大规模的问卷调查，明确受众对现有政府工作报告日译本的评价与反馈，总结受众对日译本的评价以及对译者的启示。

第七章基于笔者参加2016年《政府工作报告》中译日翻译实践所获得的第一手资料，从"功能"与"忠诚"两个角度考察、评介《政府工作报告》中译日行为。

第八章分析《政府工作报告》原文的文本性质及其功能、制定过程，并使用语料库工具考察近九年政府工作报告原文文体风格的转变,考察《政府工作报告》原文及其译本对内、对外传播方式与效果的转变,为提升对外传播效果提出建议。

第九章结论部分在简要回顾前文的基础上,回答绪论中提出的四个问题,再次思考政府工作报告中译日翻译行为的四个主体的角色与作用,探讨发起人与译者为提高对外传播效果可以采取哪些策略,并为从事外宣工作的译者和相关部门提出对策与建议。

第二章 理论基础——功能翻译理论

本书的理论基础为德国功能翻译学派的翻译理论。德国功能翻译学派形成于20世纪70至80年代，在实用文本翻译骤然增多的时代背景之下。其代表人物为凯瑟琳娜·赖斯（Katharina Reiss）、贾斯特·赫尔兹-曼塔里（Justa Holz-Manttari）、汉斯·弗米尔（Hans Vermeer）、克里斯蒂安·诺德（Christiane Nord）。其中，赖斯、弗米尔和曼塔里为第一代的代表人物，诺德为第二代，其理论与第一代一脉相承，并在其基础上有所发展。功能翻译理论颠覆了传统意义上人们对翻译和翻译性质的界定，认为翻译应从交际理论和行为理论出发，指出翻译是一种基于原文本的目的性的、跨文化人际互动交际行为。[①] 功能翻译学派相较传统翻译学，主要在以下三个方面有长足进步与突破。

第一，对翻译的定义。传统翻译学将翻译视为两种语言代码之间的转换，翻译研究的是语言问题。传统翻译学将翻译学视为语言学的分支。而功能翻译学派将翻译视为一种跨文化交际行为，认为翻译不仅仅是语言代码的转换，而是跨文化交际活动的语言中介和文化中介。传统翻译学将译者视为两种语言的专家，而功能翻译学派认为译者不仅是两种语言的专家，更是两种文化的专家。

第二，研究对象。传统翻译学仅仅将原文和译文的文本视作翻译对象。而功能翻译学派研究的对象不仅仅是文本，还包括翻译过程。除文本之外，还研究文本以外的因素——翻译行为的参与者、翻译的背景因素、场合要素、副语言要素、非语言要素等，扩宽了研究视野。

---

① 张东东、姜力维：《功能翻译理论与应用笔译研究》，哈尔滨：哈尔滨工程大学出版社2015年版，第6页。

第三,关注焦点。西方传统翻译研究的关注焦点为语言之间的"等值"问题,以源语为出发点,以译语文本的词汇、语法、语义、修辞风格等是否与源语"等值"来判断翻译的质量。而功能翻译学从跨文化交际的高度,提出了交际"目的"和"功能"问题,以追求译语对其所处交际情景的目的和功能的适宜性为目标。可以认为,这样的关注焦点更贴近当今翻译实践。

以下首先介绍四位代表人物的主要观点,并结合本书的研究对象——政府工作报告的对外翻译进行分析,探讨其对中央文献中译外的指导作用与启发。

第一节　功能翻译理论的代表人物与主要观点

(一) 赖斯的文本类型理论

赖斯是德国功能翻译学派的首位代表人物,也是弗米尔和诺德的老师。她在1971年出版的《翻译批评的可能性与限制》（*Possibilities and Limitations In Translation Criticism*）一书中最早提出了功能翻译学派理论的雏形。她理想中的翻译是"完整的交际行为",即"目标语文本和源语文本在思想内容、语言形式以及交际功能等方面实现对等"①。她意识到,在现实生活中,有的译文的目的或功能不同于原文的目的或功能,因此翻译并不要求对等。她认为,语言功能的文本类型理论可以帮助译者确定翻译目的所需的对等程度,并对文本的两种分类做了区分。一种是文本类型:按照主体交际功能分类,主要分为传意、表情、使役;另一种是语篇体裁,按照语言特征或惯例分类,如工具书、讲演稿、讽刺作品或广告所依照的标准。每种文本类型可能包括多种不同的体裁,同时一种体裁也可能涉及多种文本类型与多种交际功能。

赖斯基于布勒的语言功能三分法,将语言功能分成三类:信息功

---

① 张美芳:《功能途径论翻译》,北京:外文出版社2015年版,第59页。

能、表情功能和感染功能。在此基础上归纳了三种文本类型：信息型、表情型、感染型文本。将三种功能与三种文本类型、语言特点、交际情景联系起来（如下表所示），并指出应当"根据文本类型来选择翻译方法"①。

表2.1 赖斯关于文本类型与对应翻译方法的描述

文本类型	信息型	表情型	感染型
语言功能	表达事物与事实	表达情感和态度	感染文本接受者
语言特点	逻辑的	美学的	对话的
文本焦点	侧重内容	侧重形式	侧重感染作用
译文目的	传递原文指称的内容	表现原文的美学形式	引起预期回应
翻译方法	简朴的语言，按照求做到简洁明了	仿效，忠实原作	编译，等效

赖斯对每种文本类型的特点及翻译方法归纳如下。

（1）信息型文本是关于事实的平白交流，包括信息、知识、观点等。语言具有逻辑性和指称性的特点，内容和主题是交际的重点。翻译时应将其中的信息全部翻译出来，译文应当是简明的白话文，没有冗余，并且在必要的时候使用明晰法，应该侧重将全部的信息和术语翻译出来，而不必拘泥于有关风格的细枝末节。代表文本有百科全书、报告、操作指南等。

（2）表情型文本是创造性的写作，语言具有美学的特点，作者或文本信息的发送者与信息的形式都很重要。其主要功能是表达作者的情感与态度，语言上具有美学特点，翻译时应当在确保信息准确的基础上，反映出原文的艺术形式和审美特点。翻译方法应当是仿效法，忠实于原作。译者应采取和原文作者相同的视角行文。翻译文学作品时，应对原文作者的写作风格做重点考虑。诗歌、小说等文学作品是表情型文本的代表。

---

① 转引自〔英〕杰里米·芒迪：《翻译学导论》，李德凤等译，北京：外语教学与研究出版社2014年版，第107页。

(3) 感染型文本是旨在引起行为反应的文本，其功能旨在感染文本接受者并且使其采取某种行动，如购买商品、同意某种观点等，在语言形式上具有对话性，重在感染读者。翻译时应使译文能够在读者中产生预期的反应，可以采用"编译"的方法以达到预期的感染效果。为了确保译文对读者产生感染力，甚至需要添加新词或新图像。这类文本以广告、演讲为代表。

赖斯意识到，除了以上三种典型的文本之外，存在着许多混合型文本，一个文本同时具有多种功能。不过，赖斯认为，"评判译文最重要的因素是，它是否传达了原文的主要功能"①。也就是说，赖斯认为，文本类型的分类依据各文本的主要功能。很多文本同时具备多种功能，但是它们总是有主有次，原文的主要功能决定了翻译的方法。

（二）曼塔里的翻译行为论

曼塔里根据交际理论与行为理论的相关概念，提出了翻译行为模式的理论。这个理论将翻译视为一种目的驱动、以结果为导向的人际互动，即"源于原文的翻译行为，是一种涉及一系列角色和参与者的交际过程"②。该理论视语际翻译为始于原文的翻译行为，包含一系列参与者，认为具体参与者除了传统意义上的译者之外，还有发起者（需要翻译服务的公司或个人）、委托人（负责联系译者的个人和机构）、原文生产者（撰写原文的人，不一定参与译文的生成过程）、译文生产者（译员、翻译机构或翻译部门）、译文使用者（使用译文的人，如使用某教科书译本的老师或使用促销手册译本的销售员）、译文接受者（译文的最终接受者，如在课堂上阅读教科书译本的学生，或者阅读促销手册译本的客户）。③

翻译行为论认为各个参与者在整个翻译行为过程中都有各自不同

---

① 〔英〕杰里米·芒迪：《翻译学导论》，李德凤等译，北京：外语教学与研究出版社 2014 年版，第 109 页。

② 张美芳：《翻译研究的功能途径》，上海：上海外语教育出版社 2005 年版，第 80 页。

③ 〔英〕杰里米·芒迪：《翻译学导论》，李德凤等译，北京：外语教学与研究出版社 2014 年版，第 115 页。

的目标,关注的焦点在于为译文接受者生产出符合相应交际功能的译文,即形式和体裁上符合目标语文化规范的译文,而不是照搬原文的模式。该理论非常强调译文在译语文化中的交际功能,认为译文接受者的需要才是译者关心的要点。在术语方面,如果原文是一篇专业型很强的文章,而读者是非专业人士时,专业术语在翻译时就需要阐释清楚。

翻译行为论在把翻译放到社会文化语境中来讨论,并包括了译者与发起机构之间的相互作用,其行为概念适用于所有种类的翻译,可指导译者做出所有的决定,因此受到肯定。然而,翻译行为论也被批评为无视原文,视功能高于一切,给予译者太大的权利,因为它认为分析原文只是为了解它的结构与大概的功能。这意味着原文的地位从中心走到边缘。

(三) 弗米尔的目的论

目的论是弗米尔于 20 世纪 70 年代提出的,其"目的"是指某个译文或翻译行为的"目的"(Skopos),他在与赖斯合著的《通用翻译理论基础》一书中提出了目的论的基本论点。Skopos 是希腊语"目的"的意思,目的论是将 Skopos 概念运用于翻译的理论,其核心概念是:决定翻译过程的最主要因素是整体翻译行为的目的。

弗米尔认为翻译行为可能有三种目的:(1)翻译过程中译者的基本目的(如"为了谋生");(2)目标语环境中译文的交际目的(如"为了启发读者");(3)使用特定翻译策略或翻译程序的目的(如"为体现源语结构上的特点而使用直译法")。① 根据目的论,无论什么翻译,其最高准则都是"目的原则",根据该原则,一种翻译行为由行为的目的决定,即"目的决定手段"。弗米尔对该原则解释如下:

"每个文本均为既定目的而产生,亦应为此目的服务。由此,目的原则是指:译、释、读、写皆遵循某种方式,此方式可让文本/译本在其使用环境下运作,面向想要使用文本/译本的人,并且完全按

---

① 张美芳:《功能途径论翻译》,北京:外文出版社 2015 年版,第 71 页。

照他们所希望的方式运作。"①

在目的论的理论框架中,决定翻译目的的最重要因素之一便是受众——译者心目中的接受者有自己的文化背景知识,对译文的期待以及交际需求,每一种翻译都指向一定的受众,翻译是在"目标语情景中为某种目的及目的受众而生产的文本"②。

芒迪(2014)将其基本论点归纳为以下六点:

(1)译文由其目的决定;

(2)译文在目标语及其文化中传递信息,该信息与原文在源语文化中传递的信息相关;

(3)译文传递的信息,不一定能够清晰地译回原文;

(4)译文必须内在连贯;

(5)译文必须与原文连贯;

(6)上述五条准则按等级排列,目的准则最为重要。

后人将上述弗米尔的核心部分归纳为三个原则:目的原则、连贯原则与忠实原则。在三大原则中,目的原则是最高原则,如果目的原则要求原文与译文的功能不同,那么忠实原则就不再适用。假如目的原则需要译文不通顺,即不符合语内连贯,连贯原则就不适用。忠实原则从属于连贯原则,但两者都必须服从目的原则。③

目的论中另一个重要概念是"翻译纲要",其前提是,翻译是通过指派任务来完成的。翻译的发起人或委托人出于某种目的需要一个文本,他发出要求,让译者进行翻译。在一般的情况下,委托人会详细地介绍翻译目的、目标的读者对象以及时间、地点、场景和媒介,并说明文本的预期功能,这些信息就是一份明确的翻译纲要。

(四)诺德的"功能加忠诚"论

诺德是德国功能翻译学派的第二代代表人物,她深受老师赖斯的

---

① 张美芳:《功能途径论翻译》,北京:外文出版社 2015 年版,第 72 页。
② 张美芳:《功能途径论翻译》,北京:外文出版社 2015 年版,第 73 页。
③ 张美芳:《翻译研究的功能途径》,上海:上海外语教育出版社 2005 年版,第 82 页。

文本类型学的影响,赞赏曼塔里的翻译行为论,信服弗米尔的目的论,同时也有自己的见解,即将忠诚原则引入功能主义模式,提出了功能加忠诚的翻译理论模式,希望以此解决激进功能主义问题。

诺德认为,原文与译文之间的"对等"不是一成不变的原则,而是由译文目的所决定的。"译文目的"居翻译过程中一切决定性因素之上,忠实的要求也因而服从于译文目的的规则。为了避免过分强调译文目的而背离原文,诺德在《翻译的文本分析模式——理论、方法即教学应用》(1991/2005)一书中首次提出"功能加忠诚"的概念。该书以篇章语言学为主要的理论基础,核心思想是"语篇是一种交际活动,可以通过语言的和非语言的因素来实现"。诺德在该书的"理论原则"一节中指出翻译过程的几个重要因素为:顾客或发起人、译者、目标文本、目标接受者、目标语、原文、源语、原文作者、原文发送者和源语文化。

诺德在赖斯提出的三种主要文本功能的基础上,参考了雅克布逊提出的语言功能分类,将文本类型分为四种:信息功能、表情功能、感染功能和寒暄功能。① 一旦了解到原文的功能,就能够将其委托人所要求的目的文本在目标语文化中的预定功能进行比较,辨认或排除掉原文中那些没有用的成分。她认为,原文和译文之间的关系可以用"忠实—自由—对等"来表示。诺德认为原文与译文之间的对等不是一成不变的原则,而是由译文目的所决定。"译文目的"居翻译过程中一切决定性因素之上,忠实的要求也服从于译文目的的原则。为了避免过分强调译文目的而背离原文,诺德首次提出了"功能加忠诚"的概念。

诺德认为不同功能的文本应使用不同的翻译策略,并提出两种翻译类型:文献型翻译和工具型翻译。文献型翻译是指对原文作者和源语文本接受者之间文化交际活动的记录,比如在文学翻译中将源语文本的思想译介给目标语读者,目标语读者也能清楚意识到他们阅读的是译文。诺德对文献型翻译列举的方法包括逐字译、字面译、文献翻

---

① 张美芳:《功能途径论翻译》,北京:外文出版社2015年版,第75页。

译和异化翻译。① 工具型翻译是目标语文化里新的交际活动过程中独立传递信息的工具，旨在实现其交际目的，且目标语读者不会意识到他们所读到或听到的文本曾经以另一种形式在其他交际情景中被使用过。目标语读者读到的译文就好像是用源语写作的，原文和译文具有对等的功能，例如一些机器的操作手册、商业信函等。②

为了纠正曼塔里过分强调译文的目的而背离原文，认为译者只需对目的环境负责，目标文本可以完全独立于原文的激进功能主义，诺德把忠诚原则引入功能主义模式。诺德所说的功能是指使译文在译入语的环境中按预定的方式运作的因素。忠诚指的是译者、原文作者、译文接受者即翻译发起者之间的人际关系。忠诚原则认为译者应同时对原文信息发送者（或发起者）与目标读者负责，增加了译者与客户之间对翻译任务的商议。

在由谁决定翻译目的这一点上，她并不赞同赖斯与弗米尔的主张。赖斯与弗米尔认为，确定翻译目的的是译者，诺德则认为，"原则上，目标语文本的目的要受到发起者的约束，而不能由译者自行理解。毕竟，最终判断译文是否符合需要的是发起者"。对于诺德的功能与忠诚理论，张美芳（2015）认为，功能加忠诚模式听起来很完美，但是在实际操作中，译者要同时忠诚于委托人、原文作者和读者三方并不容易做到，例如当译文目的与原文目的相同时似乎没有问题，但是当译文目的语原文目的不同时，译者应该忠诚于哪一方，似乎不容易做到。

第二节 功能翻译理论与文献翻译实践

以上对德国功能翻译学派四位代表人物的主要理论观点进行了梳理，本节结合政府工作报告的对外翻译问题进行讨论。

首先，根据赖斯的文本类型学观点，政府工作报告属于信息型文

---

① 张美芳：《功能途径论翻译》，北京：外文出版社 2015 年版，第 77 页。
② 〔德〕克里斯蒂·诺德：《译有所为》，张美芳、王克非译，北京：外语教学与研究出版社 2005 年版，第 80—81 页。

第二章 理论基础——功能翻译理论

本。翻译时应侧重于将所有信息和术语翻译出来,可不必拘泥于体现原文作者的个人风格。赖斯的文本类型论认为,一个文本经常同时具备多种功能,但是它们总是有主有次的,原文的主要功能决定文本类型,从而决定其翻译方法。政府工作报告也具备多种功能,既有个人风格的体现(表情功能),也有感染听众产生认同、采取相应行为的功能(感染功能),但它最主要的功能是向与会代表以及国内、国际社会传达政府过去一年的工作总结以及未来一年的工作部署与重点,因此应从宏观上划归信息型文本。翻译时,译文应是简明的白话文,没有冗余,并且在适当时候使用明晰法,应当将全部的信息和术语翻译出来而不必拘泥于有关风格的细枝末节。

其次,根据曼塔里的翻译行为论,政府工作报告的翻译过程中,参与者除了传统译论所认知到的译者之外,还有翻译发起者和委托人、原文生产者、译文使用者与接受者。关于这一点,下一节将结合诺德的观点进一步阐述,并在此基础上建立中央文献对外翻译过程的行为主体研究框架。此外,关于谁来决定翻译目的的问题,曼塔里认为,译者决定翻译目的。在政府工作报告的对外翻译行为中,以往的翻译理论认为参与者只有译者。根据曼塔里的翻译行为论,我们应当将翻译参与者的讨论范围扩大到发起者、委托人、原文生产者、译文生产者与使用者。关于翻译过程的参与主体,下一节将结合诺德对前人的具体阐述,构建一个适用于中央文献对外翻译研究的翻译过程行为主体的研究框架。

此外,按照曼塔里的观点,译文接受者的需要是译者关心的要点,为了满足译文接受者的需要,译者可以在了解了原文的结构与大概功能之后,对原文进行改写。这个观点对政府工作报告的对外翻译有一定启发,即译者不必过分拘泥于原文格式化的表述等形式(过分拘泥于中文原文形式的译文往往因晦涩难懂而受到译文受众的诟病)。但是,事实上,对本书讨论的译者而言,政府工作报告的翻译更像是一个政治任务,必须讲政治,必须从内容和风格、形式上高度忠实于原文,译者基本没有改变原文的权利。

按照弗米尔的目的论,政府工作报告的译文由目的决定。关于《政府工作报告》的翻译目的,中央编译局文献部的官方宣传册虽然没有明确出现"目的"二字，但可以理解为"做好外宣工作""传播好中国声音"，作为外宣工作的一部分，正确对外宣传中国党和国家的政策方针，传播中国的声音。在服从这一目的的前提下，适用连贯原则与忠实原则。对政策方针的错误理解、扭曲传达的翻译行为显然是违反目的原则的。如果译文不通顺，令译文受众看不懂或者产生错误理解，这样的翻译行为显然也没有服务好翻译目的。如果忠实的是原文的字面意思而不是原文真正要传达的意思，导致译文受众不理解或误解，这显然也是违背目的原则的。

诺德的功能与忠诚理论认为，应同时对翻译发起者和接受者负责（忠诚），因此翻译目的不是由译者自己决定，而是由发起者决定的；同时，译者除了对发起者忠诚之外，还应对接受者（受众）负责。政府工作报告的功能与目的依然是"做好外宣工作""传播好中国声音"。根据忠诚原则，译者应同时对翻译发起者和接受者负责（忠诚），因此翻译目的不是由译者自己决定，而是由发起者决定的。另一方面，译者还应对接受者（受众）负责，在政府工作报告翻译中，可以体现在忠实传达原文意思、利于受众理解与接受上。也就是说，为了实现翻译的目的与功能，译者可以在忠诚于发起者和受众的前提下，对译文进行适度的改写。

本书的理论基础将批判性地继承功能翻译学派上述代表人物的学术观点，即本书的理论基础将主要四个组成部分：1. 文本最主要的功能和翻译目的决定翻译策略；2. 目的三原则，即目的原则大于连贯原则，连贯原则大于忠实原则；3. 译者决定翻译策略时应同时做到实现翻译目的与文本的功能，以及对翻译过程其他参与主体的忠诚；4. 翻译过程中，参加主体不仅仅是传统翻译学所认知的译者，还包括译者、读者、翻译发起者、委托人、译文使用者与接受者。关于第四部分中的翻译过程参加主体，以下将结合诺德的理论阐述，结合中央文献对外翻译的实际情况，构建中央文献对外翻译过程的行为主体分析框架。

第三节 关于翻译行为参与者的理论框架

本节在曼塔里提出的翻译行为论的基础上,结合诺德对翻译行为的参与主体及涉及因素的阐述,构建适合中央文献对外翻译的翻译行为论理论框架。以下对功能翻译理论的阐述主要基于诺德(2005)、诺德(2013)中对德国功能翻译理论基本概念的阐释。

(一) 翻译过程

功能翻译理论认为,翻译过程通常由翻译的客户或者"发起人"联系译者来启动,为某个具体的目标语受众或者接受者提供一份目标语文本。除此之外,也可能是因为发起者本人需要借助目标语来理解某一份有源语作者或者源语文本生成者写成的源语文本,还可能是某一份由源语发送者在特定的源语文化条件下传送来的源语文本。

文本生成者(实际生成文本的人)和发送者(为了传递某一信息而传送文本的人)也可能不是同一个人。使用本人创作文本的发送者可以同时是文本生成者和发送者,此时发送者对文本的所有方面负全部责任,可以称之为"作者"。如果有写作高手代笔,此时发送者的意图和文本生成者的实际表达效果可能不一致。发送者可能会给予文本生成者一定的风格创作自由。

一旦跨文化文本转换过程启动,译者可以被视为源语文本的接受者之一。一般来说,源语文本生成的目的不是为了翻译,而是为了特定的源语读者实现一定的交际目的。

源语文本的受众通常并不积极参与到翻译的过程中来。但由于源语文本语言和问题特点可能要根据文本生成和对受众预期的判断,因此源语文本的受众依然是源语文本的一个重要因素。另外,翻译的目的之一可能是要模仿源语文本当时的接受效果。

综上所述,功能翻译理论认为,翻译过程中的关键参与者和要素按照时间顺序排列分别包括:源语文本生成者、源语文本发送者、源语文本、源语文本接受者、发起人、译者、目标语文本、目标语文本接受者(以下称"受众")。

在翻译实践中,其中一些角色可以是同一个人。例如,翻译的发起者既可以是源语文本生成者,也可以是目标语文化接受者,还可以是译者本人。以下逐个考察翻译过程中的各个参与者以及要素。

第一,关于源语文本发送者和文本生成者(以下称"原文作者"),很多情况下两者是合二为一的,以非文学文本为代表的许多文本中没有提到作者的名字,例如广告、法律法规或者操作说明。但即使没有明确被提到,我们也可以通过暗示了解作者的存在。例如,广告的发送者通常是销售该产品的某公司,法律法规的发送者通常是立法机构。通常情况下,当原文作者没有被明确提到时,要么他们的存在并不重要,要么他们希望匿名。

如果文本同时具有发送者和原文作者的名字,后者的地位通常低于前者,因为人们通常认为赋予文本交际意图的并不是原文作者。文本的发送者是使用文本向他人传递某一信息和或产生一定效果的某个人或者机构等,而原文作者根据发送者的指令写成文本,并要遵循相关语言和文化中有效的文本生成规则和规范。

译者和原文作者都必须遵守发送者或发起人的指令,必须遵循目标语和目标语文化的规则规范,但他们如果愿意,都可以享有一定程度的自由来发挥自身的文体创造性和偏好。另一方面,他们可以自主决定采用源语文本的文体风格,前提条件是不能违背目标语文化的文本规范和常规。

第二,关于翻译行为的发起人,由于翻译过程是这样启动的:由于翻译发起人因为某个目的而需要一个目标语文本(以下称"译文")。发起人或者阅读译文的人对文本的接受程度均取决于该目的,也就是说,发起人的目的决定了译文需要达到的要求。

译文如果要适合某一特定目的,那么必须满足翻译纲要所规定的一些要求。这些要求包括译文的使用情景。实践中,发起人常常不能准确阐明翻译纲要,但他们头脑中肯定知道该译文的用途。此时,译者作为目标语文化的专家,需要将发起人提供的有关译文使用情景的信息转化为切实可行的译文。

功能翻译学派认为,发起人的需要决定译文的既定功能或目的,并使翻译过程得以运行。而传统翻译学派往往认为，原文及其对接受者的效果或者作者赋予原文的功能决定译文的既定功能或目的。

功能翻译学派同时认为，虽然发起人决定译文的目的，但最终对译文负责的人是译者。只有译者才有能力决定是否可以根据原文文本实际生成发起人所需的译文，如果可以，具体采用什么方法和技术才能最佳地完成译文。

文本功能是由文本所处的情景决定的，翻译纲要应当尽可能多地包含与译文的接受有关的情景因素等信息，如受众或者可能的接受者、文本接受的时间和地点、打算采用的媒介等。有关受众的信息（社会文化背景、对文本的预期、受众可能的受影响程度等）尤为重要。有关译文受众的说明信息越明确清晰，越有利于译者在翻译过程中做出适宜的决策。

第三，关于文本。文本是语言手段和非语言手段共同作用而实现的交际行为，具有交际功能，一般具有衔接和语义连贯的特点。

文本的接受程度取决于接受者的个人预期，而接受者的个人预期又由其接受文本时的情景以及本人的社会背景、世界知识和或其交际需求来决定。源语文本发送者的意图和接受者的预期可以完全相同，但两者不必完全一致，也不必完全相容。

如果译者不了解源语文本生成的情景，而且也无法向文本发送者或生成者询问相关信息，那么译者就不得不依靠臆测进行判断。

文本作为作者意图的产物，在其被实际接收之前一直处于临时性的状态。文本的接受完成了交际情景并定义了文本的功能。可以说，文本作为一种交际行为是由接受者完成的。

第四，关于原文的接受者和译者。译者既是源语文本的接受者，也是目标语文本的生成者，是翻译过程中的中心参与者。译者作为源语文本的接受者，与普通接受者有本质性不同，即译者阅读文本的目的不是为了自己获取信息或学习、娱乐等个人需求，而是为了翻译的发起人或者译文的接受者，为了通过翻译传递源语文本中的信息。

译者通常在开始阅读源语文本之前接受翻译纲要，或者译者根据翻译情景进行推断，因此译者在文本接受过程中会受到翻译纲要的影响。同时，专业译者不会采取幼稚或者直觉的方式阅读需要翻译的文本,而是对其进行批判的、全面的、以翻译为导向的分析。专业译者对每一篇新的源语文本的阅读都依赖于作为批判性读者和译者的经验。

需要特别注意的是,文本的接受效果由接受者的具体能力决定。也就是说,译者与译者之间存在个体差异。理想的译者兼接受者是双文化的,译者本人完美掌握源语语言文化和目标语言文化,并且具备转换能力,包括文本接受能力、文本生成能力、使用翻译工具的能力和使源语文本接受和目标语文本生成保持同步的能力。因此,译者一方面需要掌握源语文化,重现源语文本接受者可能做出的反应,同时还应能够预测到目标语接受者可能做出的反应,借此确定译文是否能够达到功能上的要求。

译文的接受者和原文的接受者属于不同的文化和语言群体,译文与原文所针对的接受者绝不会相同。在分析文本的过程中,译者需要找出由源语文本特定读者倾向所决定的文本成分或者特征。每一篇目标语文本总是要面向具体情境中的接受者,译文的接受者与原文的接受者是不同的,所以改写这些文本成分尤其显得重要。

第五,关于受众(又称"读者""接受者"),诺德认为,尽管翻译理论普遍承认受众的重要性,但是在翻译实践中,没有比受众更容易受到忽视的因素了。诺德指出:"在与翻译有关的几乎所有文本分析方法中,受众(或称'接受者')被认为是非常重要的因素。人们重点关注了受众的交际角色,受众对发送者的预期、交际背景('知识前提')和社会环境,受众相对于文本题材的位置以及语言特征。"① 柯斯(Koller)认为,受众的情景是最为突出的语用特征。文本读者的确定可能与文本类型有关系,也可能完全没有关系。例如,科普文本这一文本题材可能有以下读者:儿童、青少年、成人(包括科学家和非科学家)。

诺德认为,译者需要区分某一文本的受众和偶然性接受者,前者是发送者所针对的人,后者是偶然阅读到该文本的人,不是发送者直

---

① 〔德〕克里斯蒂·诺德:《翻译的文本分析模式》,李明栋译,厦门:厦门大学出版社2013年版,第48页。

接面向的对象。如果译文和原文以对照形式发表，那么源语参与者或者具有一定源语知识的读者会将译文和原文进行对照，这些人也可认为是"次级接受者"，他们感兴趣的不仅是文本信息，还有该信息传递给目标语读者的方法。考虑到这样的次级接受者，译者最好是在文本前言或者附笔中对其采取的某些翻译策略进行点评。

摘选出目标语文本既定接受者的所有有关信息后，译者就可以将该信息与源语文本接受者的特征（年龄、性别、受教育程度、社会背景、籍贯、社会地位、与发送者的关系等）进行对比。

受众的交际背景，即普通背景知识和在专业领域、题材的知识十分重要，原文作者会根据对读者交际背景的估计，选择用于文本的具体语码成分，还会减少或者完全略去那些属于接受者"知识前提"范畴内的细节，而突出其他细节，甚至提供额外信息，这样做的目的是不会对文本针对的读者预期太高或者太低。读者具备的知识不仅取决于读者的受教育程度或者对相关题材的熟悉程度，还取决于题材本身的相关因素。

作者在传递文本时要实现一定的意图，同样，接受者在阅读文本时也具有一定的意图。一定不要把接受者的意图混同于对文本的预期，这属于交际背景的一部分，或者对文本做出的反应，这发生在文本接受以后，属于文本效果的一部分。获取受众的有关信息会有助于理解发送者的意图、交际时间和地点、文本功能以及文内特征。

译者必须分析原文文本受众的特点和其对原文文本的关系，同时也要分析译文文本接受者的特点，因为他们的预期、知识和交际角色会影响目标语文本的问题组织方式。

受众的信息首先可以从文本环境中推断出来，还可以根据发送者及其意图的有关信息或情景因素，如媒介、地点、时间和动机中获得。

接受者的预期有时会导致产生一定的宽容心理。例如，外国游客在点菜时如果发现译文不堪一读，只要了解自己想点的菜，就不但不会生气，反而会对菜谱上的拼写错误或者搭配形式颇感兴趣。

文本生成者在正常情况下会尽力满足目标读者的预期。但是，有时作者也会忽视甚至故意无视受众的预期，目的是希望受众注意到或者了解某些思维模式等。

第六，关于文本功能与发送者意图，发送者的意图是要文本实现什么功能？发送者传递文本要对接受者产生什么效果？通常，意图、功能、效果三个概念难以区分，相对于布勒将"作者的意图"等同于"目的和效果"，诺德认为三个概念是对统一交际方面的不同观点。意图是从发送者的角度界定的，发送者想利用文本达到某一目的。但是良好的意图不能保证结果与意图所要达到的目的一致。受众接受具有一定功能的文本，这个行为完成交际行为。文本功能是包括发送者的意图和接受者基于对情景的了解而产生预期的所有情景因素构成的系列或群体形成的，因此"发送者要利用文本达到什么目的"，不能归结为文本功能因素，而属于意图范畴。文本功能在接受者实际阅读文本前从外部界定，文本对接受者产生的效果只能在接受后才能加以判断。文本对接受者产生的效果是接受所产生的结果，包括内部和外部两个方面的因素。

理想的情况是，意图、功能和效果三个因素相互一致，这意味着发送者意图使文本具有的功能被接受者划归于文本，接受者体验了与该功能有关联的效果。诺德认为这三个因素从方法论上而言，需要进行区分，因为对其分别进行分析要求在翻译过程中采取不同的对策，如保留、改变、改写。如果在翻译中保留原来的意图，译者往往需要做好改变功能或效果的准备。

发送者的意图对译者特别重要，因为意图决定了文本内容和形式的组织。同时，文本的具体组织形式也会显示文本类型，作为预信号告诉接受者使用文本时应该期待文本具有什么功能。发送者的意图对于忠诚原则十分重要，即使文本功能在译文中发生了改变，译者也绝不能违背发送者的意图。意图特征的相关信息能够帮助阐明其他外部因素，例如，意图对接受者产生什么效果，实现意图的最合适或者最常规媒介是什么，或者意图和文本体裁之间是否存在某种联系，也能在很大程度上阐明文内特征（例如构成、修辞手段或者非语言成分、语气等）。

（二）翻译过程的各行为主体

上文梳理了功能翻译学派关于翻译过程的主要参加者以及关键要

素的理论阐述,以下将之与政府工作报告为代表的中译外翻译实践相结合,建立分析中央文献中译外翻译过程参与主体的理论框架。

通过上文的梳理,可以明确翻译行为具有四大参与主体,即翻译的发起人、源语文本的生成者(以下简称"原文作者"或者"作者")、译者、受众(以下专指目标语文本的受众,也就是译文受众)。

中央文献中译外的翻译是这样一个过程:首先,在翻译的发起人①授意下,原文作者生成源语文本(即原文),交给翻译发起人;其次,翻译发起人授意译者启动翻译行为;接下来,译者接受发起人的指令,将源语文本转换成目标语文本;最后,受众阅读并不同程度地接受目标语文本,由此完成翻译过程。

"目的"存在并始终贯穿于整个翻译过程。四大参与主体均有自己的目的:发起人在发起翻译行为时有发起人的目的、原文作者生成原文时有原文作者的目的、译者将原文文本转换为目标语文本时有译者的目的、受众阅读译文时有受众的目的。笔者认为,当四个主体的目的一致或最接近时,翻译的效果可以达到最大化,这种理想状态大体如下:原文作者遵从发起人的目的,生成最利于译者接受并进行转化的文本。译者遵从发起人的目的,将源语文本转换为最有利于受众接受并实现发起人目的的目标语文本。受众阅读目标语文本后达到了自己的阅读目的,同时毫无障碍地接收了发起人试图让受众接收并做出一定反应的目的。

本书中,将以此翻译行为主体的理论框架作为分析政府工作报告的中译日翻译过程中各个主体的行为与目的的理论基础。

第四节 小结

以上分别介绍评述了功能翻译学派四位代表人物的主要观点以及

---

① 更严密地说,应该是原文发送者,由于两者经常合二为一,为简化翻译过程的框架,此处略去原文发送者的角色。

对中央文献对外翻译研究的启发,并详细介绍分析了曼塔里与诺德对翻译过程与参与主体的阐述,建立了适用于中央文献对外翻译研究的翻译过程参与主体的分析框架。

也就是说,在批判性地继承功能翻译学派代表人物的学术观点的基础上,建立了本书的理论基础。本书的理论基础包括以下四个组成部分:

第一,文本类型的理论:文本最主要的功能和翻译目的决定翻译策略,不同的文本类型可采用不同的翻译策略;

第二,目的三原则:目的原则大于连贯原则,连贯原则大于忠实原则;

第三,功能与忠诚原则:译者决定翻译策略时应同时做到实现翻译目的与文本的功能,以及对翻译过程其他参与主体的忠诚;

第四,翻译行为论:中央文献中译外的翻译过程中,参与主体为四方:翻译发起人、原文作者、译者、受众。翻译过程从翻译的发起人授意原文作者生成源语文本开始,经过译者转换,受众阅读之后完成;目的贯穿整个翻译过程。

第三章 《政府工作报告》翻译行为论分析

本书以国务院《政府工作报告》的对日翻译为例,研究中央文献的对外翻译与传播问题。本章以政府工作报告的对日翻译为具体对象,分析这一翻译过程中各个主体的现状与基本特点。

本书中的"政府工作报告对日翻译"特指中央编译局文献部日文处进行的日译。之所以选取这一译本和翻译行为作为研究对象,原因如下:首先,权威性;该译本由中央委托中央编译局翻译,在每年两会开幕式上代表官方发布,具有最高权威性;其次,传播广,影响大;该译本被中国主要的外宣媒体全文转载,是日本主要报纸进行摘要报道的依据,还被日本的《中国通信》杂志、《中国年鉴》等出版物全文收录,可谓现有译本中传播覆盖面最广、影响力最大的译本。

以下结合第二章建立的翻译过程主要参与者的理论框架,具体考察翻译过程的发起人、原文作者、译者与受众,进而讨论决定翻译策略的重要依据——翻译文本所属的文本类型,以及关键要素——翻译目的。

第一节 发起人

根据中央编译局文献部的资料《中央文献翻译基本情况》中"中央文献翻译事业六十年"一文,国务院政府工作报告对日翻译的发起人是"中央"(即中国共产党中央委员会)。其背景如下:"改革开放以来,中央文献翻译工作的组织日臻成熟,工作内容逐步稳定。除了党和国家主要领导人著作之外,还正式承担党代会、两会文件以及中央其他重要文件的翻译。随着工作内容的不断丰富，1982年毛泽东著作翻译室经中央同意更名为中央文献翻译室，1994年机构改革时，又更名为中央文献翻译部。中国共产党全国代表大会和全国人代会文件的翻译正式由中央文献翻译部承担，分别始于1977年（党的十一大）和1978年（五届人大一次会议）。"

由以上文字可见，政府工作报告对日翻译的发起人是中央，是中国最高领导机构，它并非个人，而是一个集体，但同时也拥有一个特定代表，即总书记，体现集体决策后的一致意志。

第二节　原文作者

那么政府工作报告的原文作者是谁呢？众所周知，每年两会上做政府工作报告的是国务院总理。然而，严格意义上来说，国务院总理是政府工作报告的起草主持人和定稿人，报告每字每句并非都是总理本人起草，而是一个集体创作的成果。

中国网2016年3月5日的新闻报道"政府工作报告诞生记：总理亲自主持起草，历经四次审议2016年国务院政府工作报告"[①]，详细描述了政府工作报告的写作过程。从该文中可以了解到以下信息：

第一，国务院总理是报告起草的直接主持人与定稿人。据悉，"习近平总书记和李克强总理对这个报告高度重视，并做出重要的批示和指示。而李克强总理本人亲自主持这个报告的起草。总理对报告的指导思想、框架结构、主要内容有很明确要求"[②]。

第二，政府工作报告是一个由30—40人组成的起草组集体创作的成果。"起草组则以国务院研究室的工作人员为主，由发改委、财

---

① "政府工作报告诞生记：总理亲自主持起草　历经四次审议"，载中国网，2016年3月5日；URL：http：//www.china.com.cn/lianghui/news/2016－03/05/content_37944730.htm。

② "政府工作报告诞生记：总理亲自主持起草　历经四次审议"，载中国网，2016年3月5日；URL：http：//www.china.com.cn/lianghui/news/2016－03/05/content_37944730.htm。

政部、央行等主要部门抽调一些人,组成三至四十人的起草组。"①

第三,政府工作报告从起草到定稿,历时长达数个月,期间经历多次修改。"从中央经济工作会议结束以后,政府工作报告就正式投入起草,历时三到四个月。制定政府工作报告历来有着规定程序,在起草过程中,共有四次大的会议审议,再加上几次小座谈会。1月6号,李克强总理召开118次常务会议专门审议报告初稿;初稿通过以后进行修改,在1月14号中央政治局常委会上、习近平总书记主持讨论修改报告;原则通过以后,吸收大家意见,1月22号李克强总理主持第五次国务院全体会议审议报告,形成一个《征求意见稿》,《征求意见稿》要发到全国党政军群148个单位(今年)征求意见。1月21日,习近平总书记主持中央政治局会议讨论送审稿并原则通过。在这期间,总理还要先后召开民主党派、无党派人士、工商联等座谈会。还有的座谈会包括企业界和经济界的专家学者的座谈会等。吸收不同部门的意见、建议,不断完善该报告,再正式提交给全国人大会议去审议。"②

第四,尽管政府工作报告是集体创作的成果,但报告的写作过程拥有明确的指导原则,因此不会出现明显的写作风格差异。"2016年政府工作报告的起草过程中力求把握五点原则。一、坚持实事求是。力求把内外形势讲准,以统一思想认识;力求把成绩讲够,综合各方面所做的工作;力求把问题讲透,客观的来反映我们现在遇到的困难和问题,以增强这种忧患意识。二、紧扣实现全面建设小康社会的目标。中央十八届五中全会通过这个建议,这次会议将提出"十三五"规划纲要,关于规划纲要总理的报告中要给予说明。提出的这些目标到底跟每个人有什么关系,人民群众关注的是什么问题,报告中间将回应这方面的关切。三、力求贯穿新的发展理念。十八届五中全会提

---

① "政府工作报告诞生记:总理亲自主持起草 历经四次审议",载中国网,2016年3月5日;URL:http://www.china.com.cn/lianghui/news/2016-03/05/content_ 37944730.htm。

② "政府工作报告诞生记:总理亲自主持起草 历经四次审议",载中国网,2016年3月5日;URL:http://www.china.com.cn/lianghui/news/2016-03/05/content_ 37944730.htm。

出了五大新的发展理念，创新、协调、绿色、开创、共享五大发展理念，这个报告中得到了充分的体现，也把各项政府工作置于五大新的发展理念之下。四、充分体现加强结构性改革的必要性。中央经济工作会议特别提出要加快结构性改革，特别是供给侧结构性改革，这对适应和引领经济新常态是一个重大的创新，也是必然的要求。五、文风上要做到平易朴实接地气。在报告中间，文风还是力求让老百姓都听得懂，记得住。这是在起草的过程中，力求把握的规律。"①

综上所述，政府工作报告对日翻译的发起人是以总书记为最高负责人的集体，而原文写作者也是一个集体，其直接负责人是国务院总理，但总书记也对其起到负责的作用。因此，政府工作报告对日翻译的过程中，发起人和原文写作者虽然在微观上有不尽相同之处，但宏观上是一致的。原文写作者中的两位最重要的负责人同时也是发起人。这个特点充分保证了原文写作的目的与翻译发起人的目的一致，有利于翻译效果的最大化。

第三节　译者

每年的《政府工作报告》发布之后，除了本书研究的中央编译局译本之外，还有一些民间机构，如三菱UFJ银行、大和总研等银行或研究机构为自己的客户提供的摘译本。在这些译本中，中央编译局的译本是最完全的全译本；受政府工作报告发送者以及原文写作者的官方委托进行翻译，具有权威性；在人民大会堂发放，受到中外主流媒体的转载，传播最广，影响力最大。以2016年政府工作报告的日译本为例，除了被新华网、中国网、人民网等传统媒体的日文版全文转载之外，还被日本大使馆驻华网站全文转载，甚至被中国国际广播电台日本频道以同传的形式全文诵读，实时在日本播放。该直播采用与日本最大的视频网站"niconico"合作直播的形式，据称直播累计浏

---

① "政府工作报告诞生记：总理亲自主持起草 历经四次审议"，载中国网，2016年3月5日；URL：http://www.china.com.cn/lianghui/news/2016-03/05/content_37944730.htm。

第三章 《政府工作报告》翻译行为论分析

览量达 1.6 亿次之多。①

基于最具有权威性与传播影响力的原因,本书考察的政府工作报告日译本为中央编译局的译本。那么该译本的译者是谁?具有怎样的特点呢?

第一,该译本的译者是一个集体,是由 8—10 名个体组成的翻译团队。该团队的组成是:中方人员 6—8 名,日本专家 2 名。

第二,从中日母语者构成比上可以看出,该译本以中文母语者为主,日语母语者为辅。在翻译的流程中,定稿由中文母语者负责,日语母语者主要负责润色语言。

第三,尽管日译本的译者是由数人组成的团队,但该翻译团队"在长期的工作过程中形成了科学的工作模式,即包括研究原文、质疑解答、初译、初改稿、核稿、外国专家改稿、中外专家讨论解决问题、专有名词统一、译文规格统一、通读、最后定稿以及打字、校对等十几道工序"②,同时,最后的统稿人和定稿人是同一个人,因此基本可以保证译文风格的统一。

第四,译者在翻译时放在首位的是"讲政治",即忠实于原文,或者说忠诚于原文。如同中央编译局文献部的资料《中央文献翻译基本情况》"中央文献翻译事业六十年"中所指出:"中央文献翻译是一项政治性很强的翻译工作,对翻译工作者的政治素质要求极高。从事中央文献翻译的同志都能以高度的政治责任感对待这项意义重大的工作,通过不断的政治理论学习提高自身政治修养,坚持正确的政治方向、政治立场、政治观点,不断提高政治鉴别力和政治敏锐性。在吃透文件精神、准确理解原文的基础上,反复推敲,精益求精,用严格的标准来确保翻译质量。"

综上所述,政府工作报告日译本的译者是一个由中文和日语母语

---

① "咋回事,这谁干的?"载 CRI 日语频道微信公众号原创报道,2016 年 3 月 6 日。URL:http://mp.weixin.qq.com/s?_biz=MzA5MzM1NDEzNg==&mid=402274766&idx=1&sn=aee711f024c13e0cabf74a272f5eb389&scene=0#wechat_redirect。

② 〔英〕杰里米·芒迪:《翻译学导论》,北京:外语教学与研究出版社 2014 年版,第 109 页。

译者共同组成的集体,定稿人为同一人以及多达十多道工序的翻译流程,可以最大限度地保证文体风格的统一;同时该集体拥有统一的最高原则,即"讲政治",忠实于原文,忠诚于原文。这也意味着政府工作报告的译者充分认识到了"忠诚原则",把忠诚于翻译发起人以及原文作者放在首位。这并不意味着译者没有考虑到对受众的忠诚。译者团队中设置了占比约20%的日文母语者,这种设置本身就意味着译者也充分考虑到了译文要达到受众预期目的的因素,也就是忠诚于受众的因素。当然,对受众的忠诚从优先顺序上来看,显然是放在对翻译发起人以及原文作者的忠诚后面。

第四节 受众

(一) 目的语文本使用者与目的语接受者

如第二章受众部分所述,诺德认为,我们需要区分某一文本的受众和偶然性接受者,前者是发送者所针对的人,后者是偶然阅读到该文本的人,不是发送者直接面向的对象,偶然接受者实际上是次级受众。此外,诺德还指出,受众可分为目的语文本使用者与目的语接受者。[①] 前者是指使用目的语文本的人,即最终将目的语文本作为诸如训练教材、信息资源或广告手段而使用目的语文本的人。他不同于目的语文本接受者,因为他不是目的语文本的"终端用户",而是将目的语用于宣传或其他目的的人;后者指的是译者的接受对象,也是翻译纲要的一部分。文本只有被接受者理解并且要让他们理解才有意义,译者需要了解这些人的相关信息,例如他们的社会文化背景、感应力或社会知识以及文化期待,若是离开目的语读者,翻译则成为无的之矢,没有任何意义。

---

① 贾文波:《应用翻译功能论》,北京:中国对外翻译出版有限公司2012年版,第61页。

（二）专业型受众与普通型受众

受众的分类问题并非功能翻译学派首次关注，传统翻译学中早已出现诸多讨论。以下列举一些传统翻译学中影响力较大的分类法。

根据罗新璋1984年编的《翻译论集》中所收录文章，傅思年将翻译的受众划分为普遍读者和学者；茅盾则分为一般读者和文艺学徒；鲁迅则认为："我们译书，首先要决定给大众中怎样的读者。将这些大众粗粗分起来：甲，有很受了教育的；乙，有略能识字的；丙，有识字无几的。"他认为，供给甲类读者的译本，应宁信而不顺；供给乙类读者的"还不能用翻译，至少是改作，最好还是创作，而这创作又必须并不只在配合读者的胃口，讨好了，读得多就够"。丙类读者不在读者范围之内，启发他们是图画、演讲、戏剧、电影的任务。对于鲁迅的受众界定，秦洪武（1999）认为，这种划分可能符合当年的历史情况，而在今天，鲁迅的划分和对症下药是不合适的。"首先，在甲类读者和乙类读者之间，还有一个广泛的读者群，他们受过一定的教育，也有了解外国文化的愿望，宏观看来，这一广泛的读者群是译语文本的最大读者。……其次，略能识字的读者在鲁迅的那个年代是一个较大的读者群，对译文进行适当的增删也同样起到了有效传播异域文化的作用，不能简单地理解为讨好。翻译文本的服务对象一直是翻译界关注却又难以明确的问题。……在专业分工日益细密和受教育程度普遍提高的今天，我们可以将读者群分为：专业读者和普通读者。译者也可以根据文本的性质及读者的接受能力来确定读者，依此而构拟的读者群为目标读者。所谓普遍读者即目标读者中的大多数。"

在秦洪武（1999）的分类方法的基础上，刘芳（2012）按照现代人的生活工作需求，将目标读者做出了更加细致的划分，将其分为一般性文学读者、商务活动的当事人、消费者、研究型学者四类。韩雪峰（2003）则兼顾所有受众，将受众全面划分为不同时代的读者、不同目的的读者、不同年龄段的读者、不同媒介到达的读者四种类型。

那么，中央文献的受众又应如何界定？范大祺（2014）指出：

"中央编译局日文处在《毛选》的翻译中,曾经致力于形成鼓舞工农大众的革命文风,努力翻出浅显易懂的译文。……那么,现在《江选》的读者群体是否有所变化呢?是否从普通大众转变为研究中国问题的学者呢?读者对象的不同,我们选择的语言和问题就会不同,因此关于读者定位的问题,值得我们继续深入地研究和探讨。"这段话反映了以下两点情况:第一,中央编译局的译者曾经将受众定位为译入语国家的工农大众;第二,时代改变,如今中央文献译本的受众尚无明确定位。笔者认为,借鉴秦洪武(1999)的界定法,可将中央文献的受众分为两个群体:专业型受众和普通型受众。那么,中央文献翻译为哪个受众群服务?

中央编译局文献部的官方资料《中央文献翻译基本情况》"中央文献翻译事业六十年"中指出:"中央文献翻译部每年都将全国人代会主要文件……译成其中外文……除了及时提供给我党主要的外宣喉舌——新华社、中央电视台国际频道、中国国际广播电台、中国网和人民网向全世界播出,还在第一时间提供给参加两会旁听的各国驻华使节和报道两会的境外媒体记者,保证他们及时得到准确、权威的信息。"该资料是中央编译局文献部的官方资料,可视同官方看法。由此可见,译者官方认为译本的首批受众——目的语使用者,为新华社等党的主要外宣机构以及参加"两会"旁听的各国驻华使节、境外媒体记者,这些人可被视为专业型受众。除了这些受众之外,通过中国外宣机构以及境外媒体记者发布的新闻稿,媒体受众便成为目的语接受者,其中包括偶然接受者,即次级受众。本书中将目的语使用者和接受者都称为译文的"受众"。

(三)《政府工作报告》日译本的受众与定位

将上述内容具体到政府工作报告日译本的受众时,可以对该译本的受众做出以下推断:

第一,政府工作报告日译本的受众分为两个部分,即专业型受众与普通型受众。专业型受众包括:新华社、中央电视台国际频道、中国国际广播电台、中国网和人民网等国内主流媒体记者、日本媒体记者以及日本国驻华使节以及十分了解中国国情的相关研究人士。上述专业型受众以外的受众,则可认定为普通型受众。

第二,关于政府工作报告日译本服务于什么样的受众的问题,按照上述可视为编译局官方说法的资料显示,应该是专业型受众。根据笔者对编译局译者的访谈结果①,译者的意见主要分为两派:一派认为是专业型受众,依据是追溯到初期翻译发起人委托译者翻译时,该译本的发放对象仅限于新华社、中央电视台国际频道、中国国际广播电台、中国网和人民网等国内主流媒体记者、日本媒体记者以及日本国驻华使节等专业型受众;另一派则认为译本的服务对象既包括专业型受众,还应该包括普通型受众,理由是不仅应考虑到专业型受众的理解,还应照顾到专业型受众(如记者)在面向普通型受众介绍政府工作报告时的转述需求,为使专业型受众能够直接引用译文的原文,而不必再加工,因此译文还应照顾到普通型受众的需求。

然而,翻译界几乎普遍达成共识:没有一个译本可以满足所有受众的需求。正如范大祺(2014)所述:"读者对象的不同,我们选择的语言和问题就会不同。"因此,译者之间有必要就受众的定位问题达成统一认识。否则,在译者集体的内部,就可能在具体的翻译策略、翻译方法的选择上出现因人而异的现象与问题。

此外,在译者访谈中,有的译者表示,"从事中日翻译的同行者也会阅读该译文并作出评价,因此也是受众"。对此观点,本书认为,结合发起人的翻译目的(后文将详细探讨),该类受众并不属于发起人翻译目的中的目标受众,因此不列入本书的受众讨论范围。

第五节 文本类型

如前文所述,功能翻译学派创始人赖斯基于布勒的语言功能三分法,归纳了三种文本类型,即信息型、表情型、感染型文本,指出应当"根据文本类型来选择翻译方法"。

---

① 2016年2月1日至2月3日间进行,访谈地点为中央编译局文献部日文处办公地点,共访谈5人,中方译者3人,其中包括定稿人;日方译者2人。

信息型文本是关于事实的平白交流，功能为表现事物和事实，其交际重点是内容和主题，代表文本有百科全书、报告、操作指南等；语言特点是富有逻辑性和指称性。表情型文本是创造性的写作，主要功能是表达作者的情感与态度；语言具有美学特点，诗歌、小说等文学作品是其代表。感染型文本是旨在引起行为反应的文本，能够感染文本接受者并且使其采取某种行动，如购买商品、同意某种观点等，以广告、演讲为代表。

文本类型的分类依据各文本的主要功能。很多文本同时具备多种功能，但是它们总是有主有次的，原文的主要功能决定了翻译的方法。

政府工作报告也具备多种功能，既有发布者个人风格的体现（表情功能，如李克强的报告风格与江泽民的报告风格不一样），也有感染听众产生认同、采取相应行为的功能（感染功能），但它最主要的功能是向与会代表、国内、国际社会传达介绍政府过去一年的工作总结以及未来一年的工作部署与重点，因此应从宏观上划归信息型文本。翻译时，"译文应是简明的白话文，没有冗余，并且在适当地时候使用明晰法"，"应当于将全部的信息和术语翻译出来而不必拘泥于有关风格的细枝末节"。

第六节 翻译目的

目的（skopos）一词是弗米尔的目的论的关键词，它是希腊语"目的、目标、意图、功能"的意思，弗米尔经常将"aim（目标）""purpose（目的）""intention（意图）""function（功能）"等概念纳入"skopos（目的）"的概念下平行使用，似乎在术语使用上存在混乱。对此诺德解释道："skopos（一个静态概念）确实存在于目标文化中，规定译文将被接受的情境。另一方面，purpose 这个动态概念源自源语情景，它是指引某一（翻译）对象朝着其 aim（目的）传递的'驱动力'。在多数情况下，这种细微的差异无关紧要，这就

第三章 《政府工作报告》翻译行为论分析

是弗米尔将这些术语当作同义词使用的原因。"① 本书赞同诺德的解释，不过多探讨目的与意图、功能等的细微差异，将上述近义词统称为"目的"。

如第二章所述，根据目的论，所有翻译遵循的首要原则是"目的原则"：翻译行为要达到的目的决定整个翻译行为的过程，即结果决定方法。目的可以有三种解释：译者的目的，例如赚钱养家；译文的交际目的，如启迪读者；使用某种特殊翻译手段所要达到的目的，如为了说明某种语言中语法结构的特殊之处而采用按其结构直译的方法。②

如前文所述，本书认为，翻译过程的参与者皆有其目的，当所有参与者的目的一致或者最接近时，译文的目的实现效果达到最大化。也就是说，发起人、原文作者、译者和受众各有其目的，当四方的目的最为接近时，目的的实现效果最大化。

当四方的目的不一致时，谁来决定翻译目的呢？赖斯和弗米尔认为，译者决定翻译目的。诺德则认为，翻译的发起人决定目的。下面分别考察政府工作报告对日翻译行为中参与主体各方的目的。

（一）发起人、原作者与译者的目的

政府工作报告中译日的发起人为中央，发起目的虽然没有明确的翻译纲要，但我们可以从许多书面资料中找到线索。中央编译局文献部的官方资料《中央文献翻译基本情况》"中央文献翻译事业六十年"中指出，"（中央文献翻译）作为党和国家对外宣传工作的重要组成部分"③，"中央文献被译成外文，向全世界宣传包括毛泽东思想、邓小平理论、三个代表重要思想、科学发展观等在内的中国化马克思主义理论成果和中国特色社会主义理论体系，介绍我们党和国家

---

① 卞建华：《传承与超越：功能主义翻译目的论研究》，北京：中国社会科学出版社 2008 年版，第 87 页。

② 仲伟合、钟钰：《德国的功能翻译理论》，载《中国翻译》1999 年第 3 期。

③ 中央编译局文献部：《中央文献翻译基本情况》（内部资料），第 1 页。

在不同发展时期的方针政策、施政方略、基本国策以及在社会主义建设时期特别是改革开放以来各领域取得的巨大成就,为党和国家的对外宣传工作做出了重要贡献"①,"为向全世界展示中国共产党作为执政党的新形象及其路线、方针、政策,宣传中国社会主义革命和建设取得的伟大成就,中央决定将会议的所有文件翻译成外文"②,"中央文献翻译已成为中国对外宣传事业的重要组成部分"③。由此可见,发起人的翻译目的是"对外宣传",更具体地说,是向全世界宣传中国化马克思主义理论成果和中国社会主义理论体系,展示中国共产党的新形象、路线、方针和政策,宣传中国社会主义建设取得的伟大成就。用当前发起人的代表人——习近平总书记近期对外宣工作的要求来说,就是"着力打造融通中外的新概念新范畴新表述,讲好中国故事,传播好中国声音"。

关于原文作者的目的,如前文所述,由于原文作者事实上是以国务院总理和党的总书记,也就是发起人——中央的代表人为主的集体,定稿人是总理和总书记,体现的是总理和总书记,也就是中央的意志,其目的自然与发起人——中央是一致的。

本书所考察的政府工作报告对日翻译的译者是中共中央编译局文献部日文处的译者。由于中央编译局是政府工作报告对外翻译这一翻译行为的发起人——中共中央的直属机关,从管理结构、权力关系上来说,译者是从属于中央的。译者的目的,简而言之即完成发起人的委托,服务好发起人的目的与意图,上述关于发起人目的的论述以及支撑材料,完全适用于译者的目的,在此不再赘述。

(二) 受众的目的

政府工作报告对日翻译的受众从其自身的社会文化背景与知识储备来看,可以划分为专业型受众和普通型受众。下文主要讨论后一种划分类型中的两种受众不同的目的。

---

① 中央编译局文献部:《中央文献翻译基本情况》(内部资料),第1页。
② 中央编译局文献部:《中央文献翻译基本情况》(内部资料),第2页。
③ 中央编译局文献部:《中央文献翻译基本情况》(内部资料),第5页。

政府工作报告日译本的专业型受众主要包括三类人群：（1）从事对日报道中国情况的国内外媒体记者；（2）日本驻华外交人员；（3）从事中国研究的日本研究人员。这三类人群阅读政府工作报告日译文的目的具有一个共同点，即"工作需要"。记者出于报道工作的需要；驻华使节出于了解中国国情，或者撰写相关报告的需要；研究人员出于撰写研究报告、论文等的需要。因此，这三类受众在阅读时主要着重寻找自己需要的信息，对语法、修辞等语文类问题不会给予过多关注。他们的目的，应该说在一般情况下，与发起人的目的在大方向上也是一致的。即：这类受众需要客观地了解中国的最新情况与数据，而发起人的目的也是要向受众宣传展示中国的最新情况和成就。当然，在实际中也存在这样一种情况：受众本身有偏向，日本媒体中有对华友好、中立、不友好之分，持不友好立场的个别媒体记者可能只聚焦于某个小的负面点，将之无限放大宣传，以偏概全，做出失真的报道。

普通型受众阅读政府工作报告日译本的目的与专业型受众最大的区别在于，非工作需要。他们的阅读目的出于个人兴趣、学习，甚至可能是休闲、打发时间等。由于他们本身对中国的了解与知识储备不如专业型受众，因此他们的关注点更加分散。如果是偶然接触到该译本的普通型受众，文本的表达的流利程度、容易理解的程度，浓厚中国文化背景的词是否转换为贴近日本文化的表达方式，修辞句法贴近日常日语的程度等因素都会影响到该类受众是否继续进行阅读的兴趣。这类受众的目的追根究底，共同的因素中存在了解中国的欲望，因此在这一层面上，与发起人的目的存在一致性。但这类受众在阅读过程中一旦在语言层面或文化层面遇上些许困难，都可能会选择放弃阅读。如何使这类受众增强阅读目的，保持旺盛的阅读兴趣，需要发起人、原文作者和译者付出特别的努力，关于这个问题，后文中将进一步详细讨论。

（三）《政府工作报告》的翻译目的

综上所述，关于政府工作报告日译本的目的，翻译过程的四方参与者中，发起人、原文作者与译者的目的高度一致；前三者与专业型受众的目的基本一致，与普通型受众的目的存在基本一致，但后者目的性较弱，需要得到增强。

按照功能翻译学派"发起人决定翻译目的"的观点，我们再次梳理政府工作报告中译日的翻译目的，即：向全世界宣传中国化马克思主义理论成果和中国社会主义理论体系，展示中国共产党的新形象、路线、方针和政策，宣传中国社会主义建设取得的伟大成就，"讲好中国故事，传播好中国声音"。

第四章 译者访谈

本书以国务院政府工作报告的对日翻译为例,研究中央文献对外翻译问题。本书的第二章中,借鉴功能翻译理论,结合中央文献对外翻译的实践,构建了一个翻译过程参与者的分析框架,即,中央文献的翻译过程中主要包括发起人、原文作者、译者以及受众四个参与主体;第三章阐述了政府工作报告对日翻译过程中的四个参与主体及其主要特征。

要完成本书的写作目的,即解答"第一章绪论"中提出的四个问题①,莫过于通过访谈法和问卷调查法仔细考察四个参与主体,获取大量第一手的数据,进行科学的归纳与分析。由于笔者能力所限,无法直接对翻译的发起人和原文文本作者进行访谈,所幸通过相关新闻报道与对译者的访谈中能够获得一些关于发起人和原文作者的信息,一定程度上弥补了这一遗憾。本书最大亮点在于笔者对译者和受众做了数次访谈与问卷调查,获取了大量关于译者和受众的一手数据。本章第五—七章将详细介绍并分析译者、受众访谈与调查的内容与结果。

本章主要通过笔者对政府工作报告日译本译者三年间的数次访谈内容,归纳分析译者们对政府工作报告外译的目的和文本类型、翻译

---

① 第一,在功能翻译学派的翻译理论框架下,将国务院政府工作报告的中译日翻译视作一个交际行为时,该翻译行为涉及哪些主体?他们的现状和特点是怎么样的?第二,国务院政府工作报告日译本的功能和目的是什么?现有译本是否实现了该功能与目的?第三,日本受众是交际行为中的对象,他们对于国务院政府工作报告的日文译本评价如何?第四,译者和相关主体可以采取哪些方法、在哪些方面努力,以实现"讲好中国故事,传播好中国声音",提高国务院政府工作报告对外翻译的效果?

难点、翻译策略以及现有译本问题点的认识，勾勒出译者在翻译过程中的具体形象。

第一节 译者访谈的背景介绍

笔者自 2013 年 7 月进入中央编译局博士后工作站以来，将近 3 年的时间里，对政府工作报告日译本译者——中央编译局文献部日文处的译者及其他译者多次进行访谈。访谈的形式包括面谈、邮件、电话、微信等四种方式。

访谈对象包括日文中国人译者 7 名，日文日本人译者 2 名，英文中国人译者 1 名。日文中国人译者 7 名的专业职级构成为：译审 3 名、副译审 3 名、中级翻译 1 名；英文中国人译者译审 1 名。日文中国人 7 名译者的学历分别为：硕士研究生 2 名；本科 5 名；专业背景分别为：文学 5 名，经济学 1 名，政治学 1 名；翻译从业年限为：20 年以上 2 名；10 年—20 年 4 名；10 年以下 1 名；日本人 2 名译者的学历分别为博士与硕士研究生；专业分别为经济学和文学；翻译从业年限为 10 年以上 1 名，10 年以下 1 名。英文中国人译者的学历为本科，专业背景为语言学，翻译从业年限超过 20 年；在翻译学界核心刊物发表多篇论文，甚至其他语种的译者遇到解决不了的问题时，也会向他咨询意见，以其英译法做参考。

第二节 译者对翻译目的与文本类型的认知

对于翻译目的，所有译者基本上都有统一的认识，即向全世界宣传中国化马克思主义理论成果和中国社会主义理论体系，展示中国共产党的新形象、路线、方针和政策，宣传中国社会主义建设取得的伟大成就，"讲好中国故事，传播好中国声音"。

但对于政府工作报告属于什么样的文本类型，除了英文译者认为应该以传达信息为主之外，所有日文译者，无论是中国人译者还是日

第四章 译者访谈

本人译者几乎没有人认为政府工作报告应该以传达信息为主,多数意见认为要忠实地传达原文的意思,如果原文采用了形象的比喻、拟人等修辞方法,则译文也应当忠实地翻译到日文中去。如果原文中总理使用了一个非常接地气地说法,译者也应当尽量使用接地气的说法,必须把总理的风格传达出去。

所有译者均强烈意识到中央文献的政治性,把讲政治放在第一位,认为对原文的忠实是第一位的,政治性第一。考虑到译者所处的地位,这种意识与译者完成好发起人委托的翻译目的是一致的。

在政府工作报告翻译流程中,当译者遇到不确定意思的词句时,可以向原文作者(起草组)书面提问,这个环节起初叫"质疑",后来改名为"答疑"。译者在访谈中告诉笔者,往年起草组在"答疑"环节中往往回复"请按字面意思翻译"。因此,译者高度重视对原文的忠实性,或者说对原文文字字面意思的忠实性,事实上也是服从原文作者的指令,对原文作者实现了忠诚。然而,这种对于原文作者指令的忠诚,也可能会埋下一个隐患,即在某些情况下可能与对受众的忠诚不能两全,于是产生一个新的问题:如果对原文作者"按字面翻译"的指令忠诚,由于原文作者不了解目标语文化,造成目标语受众的难以理解,达不到良好的对外宣传效果,是否违背了翻译发起人的目的?关于这个问题,在下一章讨论受众的调查结果时再深入探讨。

由于这种"政治性第一"的强烈认知,译者们普遍认为自己在翻译政府工作报告等中央文献时作为译者的自主性和自由度非常之小。但译者也并非完全丧失了创造性,根据笔者访谈与观察,译者们在准确理解原文的基础上,努力发挥创造性,制作更有利于、更广泛的受众理解与接受的译本。例如,日译本的排版在过去很长的时间里都采用竖排的形式,由于日文在竖排时数字必须使用大写的汉字数字,在报告中数据增多的情况下,一个数据的大写就可能占去1到2行,影响受众的阅读体验。日文译者为了达到对受众的忠诚,提高受众的阅读体验,多次向上级书面请示,终于获得批准,将竖排改成了横排。英文译者也在形式上做了大胆尝试,将原文一大段罗列诸多并列关系句子的段落,改成逐条书写的段落,更利于英文受众视觉感受,让受众付出更少努力而达到更大的理解效果。这个尝试尽管从段落形式上改变了原文,但该年度(2014年)的政府工作报告英文译文最后由原文作者兼翻译发起人代表之一的李克强总理亲自过目,他对这种尝试并没有提出异议,也就是说默认了这种改变形式的尝试。这也就意味着,这一类更利于受众接受的尝试,并不违背翻译发起人的目的。

同时,译者们除了重视对原文作者和翻译发起人的忠诚之外,还重视对受众的忠实。采取中日双方人员合作翻译的模式,就是出于让译本从语言上和文化上避免硬伤,更容易受到日本受众认同的目的。译者们均表示,尽管他们把"讲政治"和忠实于原文放在第一位,但他们都重视译文的可读性和易于理解性。译文初稿出炉后,需要日方译者通读通改,从语言上严格把关;中方译者在初译时对字典上查出来的译法,都会上日本雅虎网站搜索查询,看日本人是否使用该词,使用频率以及使用语境是否适宜等;如果该词只有中国人在用,那么译者基本不会考虑该译法。

从文本类型上来说,政府工作报告译本的主要功能在于传达信息,即中国社会主义建设的成就等信息,应该采取信息型文本的翻译方法,即朴实直白的语言,不需要费劲脑汁去传达在原文中有浓厚文化意味、修辞意义而在目标语文化中不存在对应说法的表达。然而,"政治性第一"的意识,原文作者"照字面翻译"的指示,令大部分译者都不敢擅自省略任何一个词,哪怕是虚词。

第三节 译者对翻译难点的认知

有译者认为,政府工作报告翻译最大的难点在于涉及两种意识形态,"讲政治"和自然地道的译语难以两全其美。对于具有浓厚的中国文化色彩的所谓"文化负载词",应当如何翻译,既能够让受众喜闻乐见,又能传播好中国声音呢?作为官方的译文发布方,译者必须做到坚守自己的立场,"讲政治",不能为了追求语言的通顺而迎合对方的意识形态,失去自己的立场。例如"九一八事变"从日本人的角度来看,就是"满洲事变",而中国人绝不能委屈迎合。类似例子举不胜举,如"钓鱼岛"(日本称"尖阁群岛")、抗日战争(日本称

第四章 译者访谈

"日中战争",右翼分子甚至称"支那事变")、"甲午中日战争"(日本称"日清战争")等。在意识形态和文化层面上,要做到"以我为主",树立立场意识,要建立中国的话语体系。但是在语言层面上,译者们表示,要尽量减少干扰,让译文的语言形式尽量地道,要充分照顾受众的心理,不能使译文让受众看着别扭。为此,译者们注重跟外国专家学习语言,提高外语表达能力,译者所在单位还设有派往目标语国家学习语言的学习提升机制。译者们还重视外部的意见,关注来自受众以及同行的意见。

访谈中译者们还指出,由于中文的政府工作报告是公文,不同于普通的文章,其目标读者主要是以官员为主的拥有政治文化背景的群体,并不是给普通百姓看的,普通中国人读起来都晦涩难懂,忠实地译为目标语后,普通目标语受众读起来晦涩难懂似乎在所难免。不过,译者们也指出,近几年的报告语言风格发生了不少变化,套话空话少了很多,多了很多实在话、贴近百姓生活的话。译者们认为,政府工作报告的文件公文风格带来的翻译困难如下:长句多,排比句多,一逗到底、一句成段现象多。其中尤其是排比句的翻译处理,令译者们感觉格外头疼,因为汉语是意合的语言,句与句的逻辑关系多由上下文的关系体现,少有明显表示逻辑关系的连词;而目标语多是形合语言,句与句之间的逻辑关系多有明显的表示逻辑关系的连词。

第四节 译者对翻译理论和策略的认知

访谈中,问及翻译理论时,译者们提及较多的是美国语言学家、翻译家奈达,几乎所有译者都知道奈达的"功能对等",也认同应当追求译文与原文的"功能对等",而不是"形式对等"。对于其他翻译理论,例如功能翻译理论,接受访谈的译者中了解的人不多。

不过很有趣的一个现象是,政府工作报告译本中的一些翻译现象,在一些理论中有比较合适的解释和应对,如关联理论、文本类型学理论(例如英译本采取了重视传达信息、去除对传达信息无助的冗余修辞等的译法)等。当笔者向译者求证是否知道该理论时,译者要么表示不知道该理论，要么表示，他们是采取了此类翻译策略之后才接触到该理论，才知道原来自己的翻译实践可以被归入该类翻译理论。

一位译者指出，他虽然对诸家翻译理论都有所涉猎，但从来没有有意识地去使用某个理论指导自己的翻译实践。该译者认为"白猫黑猫，抓住老鼠就是好猫"，没有必要拘泥于一种翻译理论。同时，该译者基于自身多年的翻译实践，认为翻译理论对翻译实践指导作用有限。此外，除本次访谈对象之外，从编译局译者发表的文章来看，许多译者更多使用中国传统译论中的"信达雅""化境""神似"等作为翻译时的理据或指导思想。

这个现象其实也是当前中国翻译界的一个缩影，即翻译研究者和翻译实践者各成一派，翻译实践者多认为翻译理论有故弄玄虚之嫌，对实践指导作用有限。对此，笔者认为，翻译理论对实践的指导意义不仅体现在面对翻译问题时能够有效采取相应的宏观或微观翻译策略，同时还体现在面对外界批评时，可以为自己的翻译策略进行辩护。例如，诺德（2005：3）指出："翻译功能理论具有评价或规范意义。……未来的专业翻译工作必须经过培训，他们不仅需要译出好的、满足客户要求的译作，而且要寻求充分的论据来保护其译作免受委托人和使用者的不合理评判。"这里所说的"论据"，就是每个译者秉承的翻译思想与理论。学习翻译理论，可以使译者能够找到自己的"论据"，从而保护自己的译作免受外界不合理的评判。

访谈中笔者也发现，这个情况正在发生改变，许多编译局译者开始意识到学习翻译理论的重要性，正在积极学习翻译理论，从理论角度拓宽译者的视野。

第五节　译者对现有译本问题点的认知

访谈中，译者们表示现有译本绝非完美，还存在很多问题。译者们认为最大的问题就是过于忠实于原文，造成一些译文只是在字面上

第四章 译者访谈

忠实,却没有达到意义上的忠实,其实只是做了一次"文字搬家"而已。造成这个问题的原因,既有翻译时间紧迫,来不及仔细查询推敲的因素,也有原文作者"请照字面翻译"指示的因素。

一些译者认为,现有译本是对原文全文的全译本,而且原文主要基于对内宣传的考虑撰写,原模原样搬到目标语中之后,并不利于对外宣传和普及。但是译者需要对原文作者忠诚,在没有得到翻译发起人授权的前提下,译者没有权限进行相应的改写。这也是政府工作报告的译者感觉到自己作为译者的自由度和主体性小的原因之一。事实上,一些译者也在思考,是否可以在全译本之外,再推出一个专用于外宣的、更利于受众接受、更利于普及的摘译版本。

第六节 小结

本章基于笔者历时三年对政府工作报告译者们所做的多次访谈,归纳总结了接受访谈的译者们对政府工作报告外译的目的和文本类型、翻译难点、翻译策略以及现有译本存在问题等方面的认识,在一定程度上揭示了一直"隐身"于译文背后的译者的真实形象与特点。

译者形象与特点如下。

带着比普通翻译沉重得多的镣铐起舞。他们具备高度的政治觉悟,把讲政治放在第一位,认为对原文的忠实是第一位的,政治性第一。他们忠实于原文,忠诚于原文作者,进而忠诚于翻译发起人;同时他们也没有置受众于不顾,尽量从语言层面忠诚于受众,努力追求着更加通顺、更利于受众理解的译文。

知难而上。明知要跨越两种语言、两种文化、两种意识形态的差异,既要坚持自己的立场,又要照顾到受众理解之两难,还迎难而上。他们求全责备,在以我为主的前提下,尽量做到让受众看得不别扭。

实践先于理论。这些译者在丰富的翻译实践中成长,在实践中感受到了翻译理论,虽然目前还没有整体做到积极学习并运用翻译理论指导自己的翻译实践,但他们正在朝着接受理论、拓宽翻译视野的方向前进。有"自知之明"。译者了解现有译本存在的不足,并在积极思考着解决方案。

另外,通过对译者的访谈,在政府工作报告的对日翻译中,译者们还显示出以下特点。

第一,译者集体中的每一个译者个体差异明显。个体差异不仅体现在每个译者的受教育背景、翻译从业年限的差异上,还体现在每个译者对翻译理论的认知程度不一样,对政府工作报告翻译的受众定位、翻译目的的认知不一样上。由于政府工作报告翻译是一个集体行为,集体中的每位译者对译文受众的定位不一致,以及翻译目的认知不一致,会导致译者集体不能采取统一的翻译策略,最终体现在译文中,可能出现文体风格不一致的问题,有的部分整体偏口语化,有的部分整体偏书面化;对同一类翻译中的问题,不同译者在不同的部分采取不同的处理方法。例如对比喻的翻译方式,认为译文受众是专业型受众的译者,倾向于采用保留汉语比喻方式的译法;认为译文受众是普通型受众的译者,更倾向于使用去掉汉语比喻的译法。

第二,译者普遍不了解功能翻译理论。在笔者访谈的 10 名译者中,仅有 1 名译者,即英文中方译者接触过功能翻译理论学派的文本类型理论,其余译者均表示之前未接触过功能翻译理论。

为了更好地达到委托人期待的翻译目的,创作出更适应翻译目的的译本,从译者的角度来说,除了钻研翻译技巧、提高语言层面的翻译水平水外,还可以在以下方面做出努力。

第一,译者中的管理人员可以从译者的管理层面,为译者提供翻译理论培训。从访谈中,笔者了解到,编译局为译者开设了各种提升自身能力的渠道,例如定期聘请专家开设翻译技巧讲座,支持鼓励译者参加各种翻译学习与学术交流活动,支持译者赴目标语国家进修等。在此基础上,可以开设更多翻译理论讲座或培训课程等,提高译者的翻译理论水平。

第二,管理者或定稿人可在每次具体翻译任务之前,统一所有参与该翻译任务的译者对翻译目的、译本的受众定位、译本采用的宏观策略等问题的认识。定稿人可在译前准备阶段召集所有参与该翻译任务的译者开会,集体讨论该翻译的目的,根据该目的确定译本的受众群,确定翻译时的宏观指导策略,当译者之间出现观点不一致时,定稿人应以自己的标准统一。以政府工作报告的对日翻译为例,受众群定位为专业型受众还是普通型受众?该译本的最主要的功能是传递信息,还是表达感情,抑或是感染受众?应采用工具型翻译还是文献性翻译?在集体翻译中,译者们对这些问题的认识应该统一。

第五章　三次小规模受众调查的分析与启发（2013—2015年）

　　本书认为，中央文献的翻译行为主要有四个参与主体：发起人、原文作者、译者以及受众。上一章介绍分析了笔者对政府工作报告日译本译者三年间的数次访谈内容与结果，归纳分析了译者们对政府工作报告外译的目的和文本类型、翻译难点、翻译策略以及现有译本问题点的认识。要回答"绪论"中提出的"第二，国务院政府工作报告日译本的功能和目的是什么？现有译本是否实现了该功能与目的？第三，日本受众是交际行为中的对象，他们对于国务院政府工作报告的日文译本评价如何"等问题，首先必须搞清楚日本受众的阅读目的以及他们对日译本的评价。本书采用对受众进行访谈与问卷调查的形式，通过受众的反馈意见与数据，分析受众的整体倾向，从而探讨上述问题的答案。本章和第六章中分别介绍笔者所做的两种受众调查——三次小规模调查与一次大规模问卷调查——的内容与结果，并进行详细分析，探讨上述问题。

　　中央文献的高质量对外翻译能够及时、准确地对外宣传和传递中国在各个领域发生的变化和所取得的进步，有助于世界了解中国特色社会主义建设的理论成果和实践经验，提升中华文化的影响力和竞争力，对中国维护意识形态安全等具有极其重要的意义。受众的接受是检验译本质量的重要标准，是近些年中国对外翻译研究领域的高频词，以易于外国受众接受为中心几乎已经成为对外翻译的宏观策略。

　　现有中央文献翻译研究成果中，许多成果述及受众（读者）在翻译活动中占据的重要地位。例如，贾毓玲（2003）提出要克服"中式英语"；童孝华（2013）指出"国外受众是检验我们译文的重要评判者"；范大祺（2014）认为"翻译首先是两种语言文化之间的桥梁和

第五章 三次小规模受众调查的分析与启发（2013—2015年）

纽带，听众或读者的接受和通用是第一要义"；谢海静（2014）提到"在整个《江选》三卷翻译工作中，我们时常提到的问题之一就是如何把握对中文原文的重视性与日本读者要求的流畅优美的日语译文之间的平衡"；陈大亮（2014）以可读性、可理解性、可接受性的三个要素对《2012年政府工作报告》英译本的读者接受效果进行了评价。上述论述充分说明，无论是中央文献的译者还是研究者，均意识到了受众的重要性。然而，从受众接受视角进行的中央文献中译外研究还很不充分。比较具有代表性的是武光军、赵文静（2013），该文从词汇、句子、篇章层面调查了2011年《政府工作报告》英译本的读者接受度，发现该英译本在词汇与句子方面存在一些问题，并结合读者意见提出了相应建议。该研究采用问卷调查法衡量受众接受度，分析与结论客观性较强，不过该调查同时存在样本量小、取样对象群体单一等问题。

基于上述情况，笔者首先分别以2013年、2014年和2015年的政府工作报告日译本为例，对数名日本受众进行访谈和开放式问卷调查，调查受众对政府工作报告日译本的接受情况，结合受众的反馈分析该日译本中的例文。通过分析调查结果，一定程度上了解了日译本的受众接受情况与外译效果，发现了一些可供译者参考的问题。本章分别介绍三次调查内容与结果，分析调查结果中发现的问题。

第一节 2013年《政府工作报告》日译本受众访谈调查

（一）调查方法与受众

2013年《政府工作报告》日译本受众访谈调查（简称"2013年访谈"）于2013年7月份进行，采用半结构型间接访谈的方式，由笔者对8名日本人通过网络电话分别实施个别访谈。半结构型即访谈实施人预先准备好提问大纲，根据受访者的回答情况临时追加问题。访谈法较之问卷调查法的优点在于应答率高，提问方式灵活，可根据访谈对象的具体回答进行追问，对回答存疑部分可现场进行确认，达到更深入的调查效果。8 名受访者均为以日语为母语的日本人，其中 6 人因出差或旅游短期访问过中国，对中国情况有一定的了解；有 2 人会简单的汉语。本调查受众的特点是：研究型专业人士多，较好地代表了专业型受众群体，同时也兼顾了普通型受众群体。受访者的年龄分布为：30—40 岁，1 人；40—50 岁，1 人；50—60 岁，2 人；60—70 岁，4 人。学历分布为：博士 4 人，学士 4 人。职业分布为：大学教授 3 人，科研人员 1 人，企业人员 2 人，大学行政人员 1 人，国家公务员 1 人。

笔者从 2013 年《政府工作报告》日译本中节选 6000 余字，比访谈时间提前至少 1 日发给受访者阅读。主要提问内容如下：

(1) 是否听说或阅读过《政府工作报告》？
(2) 阅读本次访谈所配发的日译文后，对该文的整体印象如何？
(3) 以下两个句子中，你觉得哪个更接近地道的日语？

A. ここ5年、わが国のマクロ経済は全般的に好ましい状態を保ち、安定した比較的の速い成長、物価の相対的安定、雇用の持続的拡大、国際収支の均衡化傾向が見られ、GDPの年平均伸び率が9.3%となり、同じ時期の全世界の伸び率と新興経済体の伸び率をともに大きく上回ったほか、インフレ率もわが国以外の新興経済体に比べてかなり低く抑えられた。

B. ここ5年、わが国のマクロ経済は全般的に好ましい状態を保ち、安定した比較的の速い成長、物価の相対的安定、雇用の持続的拡大、国際収支の均衡化傾向が見られる。GDPの年平均伸び率が9.3%となり、同じ時期の全世界の伸び率と新興経済体の伸び率をともに大きく上回った。また、インフレ率もわが国以外の新興経済体に比べてかなり低く抑えられた。

(4) 请指出文中你看不懂，或者不太明白意思的词句。
(5) 对于如何让译文更易于日本人理解，你有什么建议？

除上述问题外，笔者在访谈过程中根据受访者的回答追加了相关问题。

（二）调查结果归纳与分析

笔者在对 8 名受访者的访谈调查内容进行梳理后，对受众的接受程度、评价等问题归纳出如下结论。

1. 日译文总体通顺流畅，受众认可度较高

对于日译文的通顺流畅与易懂程度，7 名受访者认为比较流畅，只有 1 名认为不太流畅。8 名受访者均认为，该日译文的内容总体容易理解。

不过，受访者同时也指出，容易察觉该文出自非日语母语者之手；中文式的日语表达较多；部分中国特有的抽象概念难以理解；个别词汇在日语中没有或较少使用，建议使用更合适的译法。

2.《政府工作报告》及其日译本在日尚未广为人知

8 名受访者中，有 4 名听说过《政府工作报告》，但只有 2 名阅读过。这 2 名受访者因工作需要而阅读；所读文本既有日译本，也有中文原文；阅读方式为粗略浏览，找到所需数据后即止。2 名受访者读过的日译本为日本的研究机构编译的资料集。对于中央编译局每年发布的日译本，所有受访者均表示不知道。

3. 语篇上，受众更容易接受由短句组成、句与句之间有连词显化逻辑关系的段落

笔者让受访者阅读上述（3）中的 A 与 B 两个日语段落，从中选择更容易理解的段落，并询问选择理由。

8 名受访者均选择了段落 B。理由是，与由一个长句构成的段落 A 相比，段落 B 由三个独立句组成，句子较短，且句与句之间有连词指示相互逻辑关系，整个段落层次清晰，逻辑分明，更符合受访者对日文语篇的认知预期。有受访者指出，日文商务文的撰写中有一条不成文的规定，每个句子长度应在 40 字以内，最长不超过 60 字。

4. 缺乏相关背景知识是受众不理解部分词句的主要原因

译文中受众难以理解的词句主要可分为两大类：第一类是由于中日国情、文化不同，在没有补充说明背景知识的前提下，日本受众难以理解的词句，例如：「保障タイプ住居」「高基準農地」「主体改革」「業績給制」「機関の内的構造の改革」「精製油の価格と税・費

用」等。第二类是因译文受中文束缚，字对字翻译而造成受众难理解，例如：「ゆゆしい衝撃」「地方政府の資金調達受け皿会社への管理」「財政投入の拡大」「踏み込んで実施した」「政府自体の建設」「廉潔・自重実践状況」「銀行貸出の合理的な伸び」等。

5. 受访者的建议

对于如何使日译文更容易为受众读懂，受访者提出了以下建议：(1) 冗余的形容词、副词等修饰成分，除非具有特意强调等意义，否则可大胆删减，令译文不显得重复累赘，更通顺流畅；(2) 可适当调整原文的语序，令译文更通顺易懂；(3) 句子不宜过长，句与句之间适当增加连词；(4) 一些中国特有的词汇，可适当增加背景说明，以帮助读者理解；(5) 比起语言色彩偏庄重的汉字词，宜更多使用更贴近民众生活的和语词；(6) 字数较多的专有名词可在第一次出现时，括弧里写上"以下简称……"之后以简称出现；(7) 注意修饰语的使用位置，以免造成误解。

（三）对 2013 年访谈结果的思考

通过 2013 年访谈调查结果，发现本次调查的受众认为 2013 年《政府工作报告》日译本存在以下一些问题。下面在归纳问题的基础上，结合本次受众的建议提出解决方案。

1. 存在"文字搬家"现象

由于中文与日语在许多汉字与词汇上相同或相似，比起其他语种，中译日的翻译更容易出现字对字翻译的问题，即译者访谈中译者自身也认识到了的"文字搬家"问题。以下例 1 到例 8 是本次受众访谈中受众反映比较集中的例子，由这些例子可以看出，中译日的过程中充满了字对字翻译的陷阱，一不小心便可能出现"文字搬家"问题，严重时可能造成误译。

例 1. 原文：全面提高教育质量和水平，高等教育<u>毛入学率</u>提高到 30%。

译文：教育の質と水準を全面的に引き上げた結果、高等教育の<u>粗入学率</u>が30％に高まった。

乍一看，日语中的「入学」「率」，与中文意思基本对等，"毛利

第五章 三次小规模受众调查的分析与启发（2013—2015 年）

润"中的"毛"翻译成「粗」，如此组合起来，"毛入学率"翻译为「粗入学率」似乎没有问题。然而，本次调查受访者指出，不明白「粗入学率」的意思。笔者在日本雅虎网站检索「粗入学率」，显示无相符的词条。笔者通过百度检索"毛入学率"的英语译法，再在日本雅虎上检索该英文的对应日文，找到其日译文可为「粗就学率」或「総就学率」。通过中文百度和日本雅虎分别查找这一对中日文的意思后，发现其含义基本对等。①

例 2. 原文：中国……显著高于同期全球和新兴经济体的增速，通货膨胀率远低于其他新兴经济体。

译文：わが国は……同じ時期の全世界の伸び率と新興経済体の伸び率をともに大きく上回ったほか、インフレ率もわが国以外の新興経済体に比べてかなり低く抑えられた。

例 3. 原文：2012 年，在世界各大经济体增长全面减速、各种风险不断暴露的情况下（略）。

译文：2012 年度には、世界の主要経済体の成長が軒並み減速し、さまざまなリスクが絶えず表面化してくる状況を受けて（略）。

对于例 2 的「新興経済体」，四位受访者指出没见过该词。"新兴经济体"并非中国特有的概念，它指的是中国、印度、巴西、俄罗斯、南非以及墨西哥等近些年来经济发展速度较快、发展质量较好的国家或地区，是相对"发达经济体"来说的，其对应的英文是"emerging economies"，日文的对应说法可以用「新興経済」或者「新興国」。同样的，[3] 中的"世界各大济体"也可译为「世界の主要

---

① "入学率"分为"毛入学率"和"净入学率"两种："毛入学率"并不是粗略计算的意思，而是指公式中计算分子高等教育在学人数时，不考虑学生的年龄大小（指某一级教育的在校生人数与符合官方为该级教育所规定之年龄的总人口之比）（来源：百度百科）。「粗就学率」：ある学校段階について、その学校段階の教育制度計画上の相当年齢人口と、指定学校へのその年齢の就学者との比率は純就学率と呼ばれる。その学校段階の教育制度計画上の相当年齢人口と、指定学校への全就学者との比率は粗就学率または総就学率と呼ばれる（来源：维基百科日文版，URL：http://ja.wikipedia.org/wiki/%E5%B0%B1%E5%AD%A6%E7%8E%87）。

経済」。

例 4. 原文：我们始终注重处理好保持经济平稳较快发展、调整经济结构和管理通胀预期的关系（略）。

译文：われわれは経済の安定した比較的速い発展の維持、経済構造の調整、インフレ期待の管理という三者の関係を適切に処理することを首尾一貫して重視し（略）。

三位受访者认为「インフレ期待の管理」这一表述含义模糊，并猜测是否控制通货膨胀率的意思。根据《人民日报》2011 年 6 月 19 日刊发的"为什么要管理好通胀预期"一文，"管理通胀预期"意为将人们对通货膨胀的预期控制在较小范围，以防止出现严重的通胀现象。因此，摆脱"管理"二字，将"管理通胀预期"译为「インフレ期待のコントロール」或者「インフレ期待の抑制」（二者均为本次调查中的受众建议），或许更易于受众接受。

例 5. 原文：有效运用存款准备金率、利率等货币政策工具，保持货币信贷合理增长。

译文：預金準備率や金利などの金融政策手段を効果的に活用してマネーサプライや銀行貸出の合理的な伸びを維持した。

一位受访者认为「銀行貸出の合理的な伸び」中的「合理的」意思不明确，令人费解。综合相关财经新闻报道来看，货币信贷"合理增长"指的是增长幅度在合理的范围之内。日语的「合理的」一词更强调行为等合乎逻辑、合乎客观规律。此处如译为「適度な伸び」，或者更直白的「一定範囲内の伸び」，更利于受众理解。

例 6. 原文：八是切实加强政府自身建设，进一步深化行政体制改革。

译文：政府自体の建設を着実に強化し、行政体制の改革をよりいっそう深化させた。

一位受访者提出不太明白「政府自体の建設」的意思。这可能有两个原因。其一可能出在日语词「建設」上，该词有两个义项：一为"建物・施設・道路などを、新たに造ること，例如'ダムを—する'"二为"新しい機構や組織を作り上げること。例如'平和な

第五章 三次小规模受众调查的分析与启发（2013—2015 年）

社会を一する'"。① 从雅虎检索结果来看，该词在现代日语中主要用于第一个意思，即主要指建造建筑物或道路等有形的物体。因此日语中的「政府の建設」带给受众的第一印象是修筑政府大楼。另一个原因是原文"加强政府自身建设"的概念本身比较抽象，所指并不明确。综合国内各种新闻报道来看，该词主要指建立廉洁的、真正为百姓服务的政府。为了让受众更容易理解，译者可在与原文作者确认该原文具体所指后，将原文意译为相应日语。

例 7. 原文：加强领导干部廉洁自律的监督管理。

译文：指導幹部の廉潔・自重実践状況に対する監督・管理を強めた。

受访者指出「廉潔・自重実践状況」比较令人费解。中文"自律"此处应指克制一己私欲，保持廉洁，不收受贿赂。笔者认为与其将之翻译为「自重」，不如翻译为「自制」。理由如下：「自重」在现代日语中多用于谨慎言行，不做出轻率行为；而「自制」的意思是自己控制自己的感情、欲望等。② 从原文整个句子来看，监督管理的对象是领导干部的廉洁自律，换言之，即加强对领导干部腐败行为的监督管理，提高领导干部的廉洁程度。从这个意义上来说，我们也可以考虑将这句话译为「指導幹部の不正に対する監督と取締を強めた」。

---

① 日语释义来源于『デジタル大辞典』网络版，URL 为 http：//kotobank.jp/word。

② 「自重」在日本词典『大辞林　第三版』的释义与例句如下："「自重」①自分自身を慎んで軽々しい言動をとらないこと。「各自の—を望む」②自分自身の体を大切にして健康をそこなわないようにすること。自愛。「酷暑のみぎり御—のほど」③自分の品位を考え、みだりに卑下しないこと。「—の気を拉（とりひし）いで課長の鼻息を窺ひ得るかも知れぬ/浮雲 四迷」。"はてなキーワード（http：//d.hatena.ne.jp/keyword）对「自重」在现代日语中的用法说明如下："本来の意味は（1）自らを重んじること。自分の品性を保ち、卑下しないこと。自尊。（2）言動を慎んで、軽はずみなことをしないこと。「好漢―せられたし」「隠忍―」。だが、現在では（2）がさらに変化し、「調子に乗るな」「落ち着け」「謹慎」「自主規制」などといった意味で使われることが多い。" 而「自制」在『大辞林　第三版』中的释义为："自分で自分の感情・欲望などを抑えること。「―心」「募る思いを―することができない」。"

例 8. 原文：<u>深入实施</u>人才强国战略。

译文：人材による国力増強戦略<u>を踏み込んで実施した</u>。

受访者认为「戦略を踏み込んで実施した」不是地道的日语。通过在日本雅虎上检索「踏み込んで実施」的用例，发现「踏み込む」做「実施する」的状语连用的例子很少见，如果连用，也是以「（さらに）一歩踏み込んで実施する」的形式，即「踏み込む」与「実施する」是两个并列的、先后发生的动作④。原文"深入实施"应理解为"深入地实施"，而不是"深入并实施战略"，因此不能将"深入"翻译为动词意义上的对等日语词「踏み込む」。

2. **译文存在"冗余"现象**

王小萍（2006）在分析政治文献中译英问题时指出，汉语多用动词，喜欢原词重复或同义词、近义词重复，同时，汉语常用词义强烈或语气较绝对的副词、形容词或动词等，英美国家读者则认为是累赘和堆砌。根据 2013 访谈中受众指出的问题，笔者发现上述问题在中译日领域也同样存在。例 9 至例 16 是本次调查中受访者感到冗余的例子；"译文"是 2013 年编译局版本的日译文，"修改译文"是受众提出的修改意见。

例 9. 原文：财税体制对<u>加快</u>转变经济发展方式的<u>促进</u>作用增强。

译文：その結果、経済発展パターン転換の<u>加速化促進</u>に果たす税財制の役割が強化された。

修改后译文：その結果、経済発展パターン転換の促進に果たす税財制の役割が強化された。

原文中，"加快"与"促进"意思相近，译文中的「加速化」与「促進」意思相近，放在一起显得重复累赘。修改后译文将两者舍弃其一后，译文看起来更简洁易懂。

例 10. 原文：重建后的汶川、玉树、舟曲等灾区发生了<u>翻天覆地</u>的变化。

译文：汶川・玉樹・舟曲などの被災地は復旧作業により<u>見違えるように大きく</u>変貌した。

修改译文：汶川・玉樹・舟曲などの被災地は復旧作業により見違えるように変貌した。

第五章 三次小规模受众调查的分析与启发（2013—2015 年）

原文中的成语"翻天覆地"由"翻天"和"覆地"两个意思相近成分构成，增强语势，译文中可能是为了与此对应，也使用了两个意思相近的词语「見違えるように」和「大きく」来形容变化。受访者认为这样使得日语译文看起来不够简洁，建议二者取其一。

例 11. 原文：坚持实施扩大内需战略，内需对经济增长的贡献率明显提高（略）。

译文：内需拡大戦略の実施の堅持により、経済成長に対する内需の寄与度が著しく高まり（略）。

修改译文：内需拡大戦略の堅持により、経済成長に対する内需の寄与度が著しく高まり（略）。

"坚持实施……战略（或政策、方针）"是中文的惯用句式，然而在日语里，「堅持」词义中包含有「実施」的意思，因此两次连用形成了冗余，可删去「実施」，只保留「堅持」。

例 12. 原文：粮食产量实现"九连增"；

译文：食糧生産量は9年連続の増加を実現した。

修改译文：食糧生産量は9年連続増加した。

日语中，「増加した」就包含了「実現した」的语义，「増加を実現した」形成了冗余，因此去掉「実現」，换用「増加」的动词形式「増加した」，可令译文看上去更加简洁通顺。

例 13. 原文：在货币政策运用上，始终注意把握稳增长、控物价和防风险之间的平衡。

译文：金融政策の運用に当たっては、経済の安定成長、物価の安定（化）、リスクの回避という三者のバランスの見極めに絶えず意を注いだ。

例 14. 原文：金融体系运行稳健，银行业风险抵御能力持续增强（略）。

译文：金融システム（の運行）が安定し、銀行業のリスク回避能力が継続して高まったことで（略）。

例 13 与例 14 中，划线括弧中的词是受访者建议删除的冗余成分。受访者指出，日语中通常使用「物価の安定」，一般不说「物価

の安定化」；「金融システムが安定し」已经足以表示"体系运行稳健"的意思。

例15. 原文：夺取抗击汶川特大地震、玉树强烈地震、舟曲特大山洪泥石流等<u>严重</u>自然灾害和灾后恢复重建重大胜利。

译文：四川省汶川大地震、青海省玉樹大地震、甘肅省舟曲大規模土石流など（ゆゆしい）自然災害への対応や災害復旧・復興において大きな成功をおさめた。

例16. 原文：我们有效应对国际金融危机的<u>严重冲击</u>，保持<u>经济</u>平稳较快发展（略）。

译文：国際金融危機（<u>のゆゆしい衝撃</u>）に効果的に対応し、（<u>経済の</u>）安定した比較の速い発展を保ったことにより（略）。

受访者认为，删除例15和例16中划线部分的形容词或修饰词不但没有损害该句的语义，而且还使译文变得更加简洁易懂了。

3. 译文选词问题

众所周知，日语词汇主要包括汉字词、和语词、外来词三大类，同一个意思可以有三种不同词类的表述，例如「幸せ」「幸福」「ハッピー」都表达"幸福"，然而三种词使用语境不同，语言色彩也各不相同。例17至例19是本次调查中受访者认为外来语使用欠妥的例句。

例17. 原文：全面实现城乡九年免费义务教育，<u>惠及</u>1.6亿学生。

译文：都市・農村における9年制義務教育の無償化を全面的に実現したことで、1億6000万人の児童・生徒がその<u>メリット</u>を受けた。

例18. 原文：加强基础研究和前沿探索，突破一批关键<u>核心技术</u>（略）。

译文：基礎研究と先端技術の研究を強化し、カギとなる<u>コア技術</u>の研究開発で一連の飛躍的成果をあげて（略）。

受访者认为从上下文的语义和语言色彩来看，例17的「メリット」应改为「恩恵」，例18的「コア」应改为「核心」。

例19. 原文：高速铁路等实现重大突破（略）。

译文：高速鉄道などで重要な<u>ブレークスルー</u>を実現し（略）。

第五章 三次小规模受众调查的分析与启发（2013—2015年）

受访者指出,「ブレーククスルー」一词虽然在现代日语中有,但还没有得到人们的广泛使用,读起来有违和感,另外该词含有"打破瓶颈取得发展"(「行き詰っていることを打開するとゆう意味合いが強い」)的意思,与本例文的上下文不吻合。因此,修改为「飛躍」或者「進步」更方便受众理解。

4. 译文风格整体不统一,部分译文偏口语化的问题

尽管政府工作报告是讲话文稿,汉语原文的个别用词具有口语语体的特征,但它更主要的特点在于政府公文、应用文体的属性。《2013年政府工作报告》原文用语严谨、周密、凝练,文体庄重,全篇偏向于书面语体。因此在翻译为日语时,也宜采用书面的词汇与句式,营造庄重严肃的语体风格。以下是本次调查中被访者认为语言风格过于口语化的译文例子。

例20. 原文：第一艘航母"辽宁舰"入列。

译文：わが国で最初の空母「遼寧」を就役させた。

例21. 原文：这主要是考虑到结构性减税的滞后效应,今年财政收入增长不会太快(略)。

译文：その理由は主として、構造的減税の遅れて表れる効果で今年度の財政収入には急増の見込みがないのに対し(略)。

例22. 原文：留学回国人员达到54万人。

译文：留学を終えて帰国した人が54万人に達した。

例23. 原文：我们把就业作为保障和改善民生的头等大事(略)。

译文：われわれは雇用の創出を民生の保障と改善における最も重要な仕事として(略)。

例24. 原文：探索建立政府绩效管理制度,建立并切实执行以行政首长为重点的行政问责制度,努力提高行政效能。

译文：政府業績管理制度を模索を重ねて構築し、行政機関のトップに重点を置いた行政問責制度を確立してしっかりと実施し、行政の効果・効率の向上に努めた。

受众认为例20到例24的译文划线部分用语显得过于口语化,语言风格不够庄重,与《政府工作报告》作为政府公文的性质不符。建议将例20的「わが国で最初の」改为「我が国初の」；例21的「遅

れて表れる効果」改为「タイムラグ」；例22的「留学を終えて帰国した人」改为「留学帰国者」；例23的「仕事」改为「事業」；例24的「しっかりと」改为「確実に」；从而使译文语言整体维持简练庄重的基调，符合书面语的风格。

例25. 原文：加强城乡基层医疗卫生服务体系建设，建立基本药物制度并在基层医疗机构实施，公立医院改革试点稳步推进。

译文：また、都市・農村の末端医療衛生サービス体系の整備を強化<u>したり</u>、基本医薬品制度を確立して末端の医療機関で実施に移<u>したり</u>、公立病院の試験的改革を着実に推し進め<u>たり</u>した。

修改译文：また、都市・農村の末端医療衛生サービス体系の整備を強化、基本医薬品制度も確立して末端の医療機関で実施し、公立病院の試験的改革を着実に推し進めた。

例26. 原文：<u>填补了</u>多项重大产品和装备的<u>空白</u>。

译文：重要製品・重要設備製造の分野で<u>それまで空白だった部分を大きく埋めた</u>。

修改译文：重要製品・重要設備製造分野における複数の<u>空白を埋めた</u>。

受访者认为，例25的译文中，「（し）たり」重复了三次，是典型的口语句式；例26的划线部分显得过于啰嗦与口语化，可分别改为"修改译文"中的句式与表述，以避免带给读者文章过于口语化的感觉。

除上述例句外，受访者还指出了一些由于多使用了「の」而造成语言不够紧凑简练的例子，列举如下。受众认为（27）至（31）中划线括弧中的「の」均应删除，以提高句子的简洁程度，避免带给读者过于口语化的感受。

例27. 原文：进出口结构优化，贸易大国地位进一步巩固。

译文：輸出入<u>（の）</u>構造が改善され、貿易大国としての地位がさらに打ち固められた。

例28. 原文：吸收了先进技术和管理经验。

译文：先進技術と管理<u>（の）</u>ノウハウが導入され。

例29. 原文：推进政务公开。

译文：政務（の）公開の推進。

例30. 原文：在规范行政权力运行，建设服务政府、责任政府、法治政府和廉洁政府方面（略）。

译文：行政権力（の）運用の規範化とサービス型政府・責任政府・法治政府・廉潔政府の建設に当たっては（略）。

例31. 原文：坚持政府决策程序。

译文：政府（の）政策決定の手続きを健全化した。

5. 部分词语因缺乏相应社会文化背景，让受众难以理解

以下例32到例35的划线部分是本次调查中受访者觉得比较抽象、不容易理解的词组。

例32. 原文：颁布实施全国主体功能区规划。

译文：全国主体機能区計画を公布して実行に移し。

例33. 原文：公益性文化事业单位内部机制改革不断深化。

译文：公益的文化事業に携わる機関の内的構造の改革も絶えず深まった。

例34. 原文：实施成品油价格和税费改革。

译文：ガソリン等精製油の価格と税・費用の改革。

例35. 原文：开展农村土地整治，建设高标准农田。

译文：農村の土地整備を進めたり、高基準農地を造成したりして。

例32到例35中出现的"主体功能区规划""内部机制改革""税费改革""高标准农田"，即便是接受过高等教育的普通中国人，如果不了解相应背景，只看字面也只能是雾里看花，似懂非懂，难以了解其所指内涵。

（四）"2013年访谈"的小结

笔者节选2013年政府工作报告日译本为例，向日本受众进行了访谈法调查，以调查该译本的受众接受度。通过本次调查发现，（1）2013年政府工作报告日译本的受众接受度较高；（2）《政府工作报告》及其日译本在日尚未广为人知；（3）受众更容易接受由短句组成、句与句之间有连词显化逻辑关系的段落；（4）缺乏相关背景知识是受众不理解部分词句的主要原因。

同时,受众在本次调查中指出 2013 年译文中存在的一些问题,经总结归纳后大体有以下五个:(1) 存在"文字搬家"现象;(2) 译文存在"冗余"现象;(3) 译文选词上存在外来语使用欠妥的问题;(4) 译文风格整体不统一,部分译文偏口语化的问题;(5) 部分词语因缺乏相应社会文化以及知识背景,让受众感到难以理解。

关于第一个"文字搬家"的问题,译者访谈中部分译者自身也有所认识;对于第二个"冗余"问题,译者承认出于"政治性"考量,译者不敢擅自判断哪个词冗余并主动删除,这一点或许也可解读为:译者在忠实于原文作者和受众之间,无意识间自动选择了前者;第三个和第四个问题是选词和语感的问题;对第五个"文化知识背景"问题,译者在访谈中表示也意识到了,但是如果每一个需要相应背景知识的点都一一注释的话,那么日译文的篇幅将大大超过原文,日译文将不再是一个译本,而变成注释本,显然这是违背翻译发起人的委托的。

第二节 2014 年《政府工作报告》日译本的受众调查研究

(一) 调查方法与受众

2014 年 7 月进行了 2014 年《政府工作报告》日译本的受众调查研究(简称"2014 年调查"),以 2014 年政府工作报告日译本为例,在 2013 年访谈对象的基础上增加了两名,采用发送电子邮件的形式调查。由于 80%的访谈对象与 2013 年访谈一样,因此本次只问了一个问题:阅读 2014 年《政府工作报告》日译文后,如译文中有觉得不自然或看不懂的地方,请指出。发送电子邮件时将 2014 年《政府工作报告》日译文的全文作为附件发送给全体受调查者,请他们在两周左右的时间内回复。均收到了回复。增加的两名受调查者分别为经济学教授与公司职员,最后学历分别为博士和本科,年龄分别为 40—50 岁和 60—70 岁,均不懂中文。

第五章 三次小规模受众调查的分析与启发（2013—2015 年）

（二）调查结果归纳与分析

以下梳理本次调查结果中受众反应较为集中典型的问题。① 本次调查结果中，受众反应日译文中不自然或看不懂的地方，究其原因大体可以归纳为以下几类：1. 译文部分表达的文体风格偏口语化；2. 原文"文字搬家"的译文导致受众看不懂；3. 缺乏背景知识造成受众不明其意；4. 部分译文在语篇的衔接与连贯上未处理好造成受众难以理解。除了上述4个主要问题外，还有受众反应，「断固として」「踏み込んで」「堅持する」三个词语在一文中分别出现了7次、7次、16次之多，受众建议变换一下说法。

以下结合具体例子讨论这四类问题。

1. 译文部分表达的文体风格偏口语化。

例36. 原文：从容应对挑战。

译文：落ち着いて試練に立ち向かい。

例37. 原文：社会事业蓬勃发展。

译文：社会の諸事業がどんどん発展した。

受众指出例36和例37的译文选词偏口语化，不符合政府工作报告的公文文体，前者建议修改为「沈着に」，后者受众未提出修改建议。个别选词偏口语化的问题，在2013访谈调查中也有不少受众指出，本节中不做过多探讨。

2. 原文"文字搬家"的译文导致受众看不懂。

例38. 原文：中西部地区生产总值比重继续提高，区域发展协调性增强。

译文：GDPに占める中・西部地区の割合が引き続き高まり、地域発展のバランスが増した。

划线部分是受众表示日语表达不自然导致看不大明白的地方。受众根据上下文猜测是否"区域间发展的差距缩小"之意，如果是这个意思，建议日语改为「地域発展の格差が緩和された」。这个例子里，译者把"协调性"翻译为"平衡性"，将"协调性增强"机械地处理

---

① 剔除了诸如输入错误等缺乏翻译策略探讨价值的例子。

为「バランスが増した」（即：平衡性增强），而该日语短语搭配并不规范①，因此带给日本受众不明其意的感觉。

例39. 原文：过去一年，困难比预料的多，结果比预想的好。

译文：昨年は、困難が予想以上に多かったものの、成果は予想以上によかった。

受众认为划线部分表达不自然，建议改为「達成することができた」，与前面的「成果」搭配更自然，作为日语更能够看明白意思。

例40. 原文：保障经济运行不滑出合理区间，让市场吃了"定心丸"。

译文：経済の動きが合理的な範囲内からすべり出さないようにして、市場に「鎮静剤」を飲ませた。

划线部分将"吃定心丸"翻译成日语的"喝镇定剂"，字面上看意思是搬过去了，但受众看着觉得很别扭，因为他们在日语中没有看到过这样的表达。

例41. 原文：去年财政赤字控制在预算范围内，广义货币M2增长13.6%，符合调控要求。

译文：その結果、昨年の財政赤字は予算の範囲内に抑えられ、広義マネーサプライ（M2）は13.6%伸び、コントロールの要求どおりとなった。

受众指出，划线部分日语表达不自然，导致意思传达不明确。根据上下文，受众建议此处更改为「管理当局の想定通りになった」。

例42. 原文：加强公务员队伍建设，全面提高公务员素质。

译文：公務員陣づくりを強化し、公務員の資質を全面的に向上

---

① 笔者将「バランスが増した」和其动词原型短语「バランスが増す」在日本雅虎搜索引擎（www.yahoo.co.jp）以及"少纳言"现代日语书面语语料库（日语名：「少納言　現代日本語書き言葉均衡コーパス」，该语料库由日本国立国语研究所与日本文部科学省专项课题"日语语料库"项目共同开发，收录有1亿多词语，数据来源为日本的公开出版数据和图书馆藏书，是具有代表性的书面日语语料库）中进行了检索，均无匹配结果，这基本可以说明这个短语并不是现代日语中的规范用法。

第五章 三次小规模受众调查的分析与启发（2013—2015 年）

させる。

受众指出，不能很好理解划线部分日语想表达的意思，因为没有见到过「陣づくり」这个词语，有受众猜测，是不是想说「人材づくり」（培养人才）的意思呢？由此例可见，该词虽然能让受众联想到大概的意思，但是需要受众付出联想、猜测的努力，才能达到大概理解的效果，显然不是有利于受众理解和接受的译法。

例43. 原文：冲破思想观念的束缚，突破利益固化的藩篱。

译文：思想・意識の<u>束縛を打ち破り</u>、凝り固まった<u>既得権益の垣根を突き破り</u>。

受众指出划线部分的日语表达不自然，看起来有些别扭，建议改为「古い思想・意識に捉われず、凝り固まった既得権益の壁を崩し」，更符合日语的表达习惯。

例44. 原文：货币政策要保持松紧适度，促进社会总供求基本平衡，营造稳定的货币金融环境。

译文：金融政策は緩和と引き締めを適切な度合いに保ち、社会の総需給の基本的均衡を促し、<u>安定したマネー・金融環境をつくり出すものでなければならない</u>。

例45. 原文：推动重要领域改革取得新突破。

译文：<u>重要分野の改革における新たな突破の実現を促す</u>。

受众建议将该句日语修改为「重要分野の改革において、新たな突破の実現を促す」。受众虽然没有明确指出修改原因，笔者认为，该句令受众认为不自然的原因在于：译文的主体结构是动宾搭配「実現を促す」，而宾语「実現」前面的所有词语均为该词的定语修饰语，造成句子结构不平衡，头重脚轻。

例46. 原文：要以经济体制改革为重点，<u>区别情况，分类推进，抓好牵一发而动全身的举措</u>，力求取得实质性进展，更多释放改革红利。

译文：経済体制の改革を重点として、<u>状況別・類別に推し進め、その舵取りが全局に影響を与えうる改革措置にしっかりと取り組み</u>、全力で実質的な進展を達成し、「改革紅利」をより多く解き放たなければならない。

受众指出该句日语读起来很不自然，难以抓住要点，有浓厚的翻译腔，建议修改为「経済体制の改革を重点とし、これを状況と改革の種類に応じて推し進めること、全局に影響を与える改革措置にはしっかりと取り組み、全力で実質的な進展を達成し、「改革紅利」をより多く解き放つことが必要である。」

例47. 原文：进一步简政放权，这是政府的自我革命。

译文：行政の簡素化と下部への権限委譲をいっそう進めることは、政府自体の革命である。

受众指出不明白「政府自体の革命」是什么意思，根据上下文，建议修改为「政府のあり方を抜本的に変えることとなる」，即"彻底改变政府的行为方式"之意，该表达作为日语更自然地道，同时也能传达汉语原文的意思。

例48. 原文：扩大全方位主动开放。

译文：全方位の主動的な開放を拡大する。

受众指出不明白什么是「主動的な開放」。这是一个典型的汉日同形异义词造成的误译现象。即中文和日语中都存在许多以汉字书写的词汇，这些词汇有的在汉日双语中形式和意义一致，有的部分一致，有的完全不一致。本例子中「主動的」一词就属于与中文的"主动地"一词有小部分一致，但大部分意思以及使用范围、语境大不一样的例子。

例49. 原文：要发挥好消费的基础作用和投资的关键作用，打造新的区域经济支撑带，从需求方面施策，从供给方面发力，构建扩大内需长效机制。

译文：消費の基礎的な役割と投資の決定的な役割をしっかりと発揮させ、新たな地域経済発展サポートベルトを築き上げ、需要の面から方策を講じ、供給の面からも力を入れて、内需拡大の効果が長期的に持続する仕組みを構築しなければならない。

受众指出不明白划线部分日语词的意思，主要因为「ベルト」一词虽然可以翻译为汉语的"带"字，但一般指的是"皮带""传送带"等意思，当作为"带状地域"意思使用时，一般使用「ベルト

第五章 三次小规模受众调查的分析与启发（2013—2015 年）

地帯」一词。①

例 50. 原文：把 13 亿中国人的饭碗牢牢端在自己手中。

译文：13 億の中国人の食糧供給の主導権を自らの手にしっかりと握る。

受众指出，「中国人の食糧供給」意思有歧义，根据上下文，建议修改为「中国人への」，另外，「自らの手」的「自ら」从上下文难以理解到底是谁的手。

例 51. 原文：以国家新型城镇化规划为指导，做好相关规划的统筹衔接。

译文：国家新型都市化計画を導きとして、関連計画をしっかりと総合的にかみ合わせるようにする。

受众指出该句译文逻辑不清晰，意思含糊，建议修改为「国家新型都市化計画に基づき、関連諸計画が全体として矛盾ないようにする」。原因是"「かみ合わせるようにする」は国家新型都市化計画と関連計画との間か、あるいは関連諸計画の間かが不明"（不知道"衔接"指的是国家新型城镇化规划与相关规划之间的，还是指相关规划彼此之间的）。

此外，受众还指出，译文中「しっかり」（即"（做）好"）这类副词使用过于频繁，有泛滥之嫌，影响了日语行文流畅度，建议删除。笔者认为，删除以后，该句日语中依然隐含"（做）好"的意思，因此删除后不会影响译文对原文的忠实度。

3. 缺乏背景知识造成受众不明其意

例 52. 原文：全球经济格局深度调整，国际竞争更趋激烈。中国支撑发展的要素条件也在发生深刻变化，深层次矛盾凸显（略）。

译文：世界経済の枠組みが大きく組み替えられ、国際競争がいっそう激しくなってきている。わが国は、発展を支えてきた要素的条件が大きく変化するなかで、深層部の矛盾が浮き彫りになるなど（略）。

---

① 此处关于「ベルト」的解释和用法参考「デジタル大辞典」（网络版）词典，URL：https：//kotobank.jp/word/%E3%83%99%E3%83%AB%E3%83%88-130636＃E3.83.87.E3.82.B8.E3.82.BF.E3.83.AB%E5.A4.A7.E8.BE.9E.E6.B3.89。

受众表示不明白下划线的部分具体指的是什么。

例53. 原文：区域发展回旋余地大。

译文：地域発展の融通性が高い受众表示下划线部分的日语看不明白什么意思。

例54. 原文：把居民消费价格涨幅控制在3.5%左右，考虑了去年涨价翘尾影响和今年新涨价因素（略）。

译文：消費者物価の上昇率を3.5%前後に抑えるのは、昨年度の物価上昇のキャリーオーバー効果と今年度の新たな物価押し上げ要素を考慮した結果であり（略）。

对上述两例，受众表示通过上下文，依然不明白下划线部分具体指的是什么样的效应。

例55. 原文：当前改革已进入攻坚期和深水区，必须紧紧依靠人民群众（略）。

译文：現在、改革はすでに難関突破期と「深水区」に差しかかっているため、人民大衆にしっかりと依拠し（略）。

受众表示字面意思大概能看懂，但是不明白划线部分表达的是什么意思。

例56. 原文：我们追求的发展，是提高质量效益、推进转型升级、改善人民生活的发展。

译文：われわれが目指している発展は、質・効率を向上させ、パターン転換・レベルアップを推し進め、人々の生活を改善する発展である。

受众表示不明白划线部分具体指的是转变什么样的型。

例57. 原文：坚持放管并重，建立纵横联动协同管理机制，实现责任和权力同步下放、放活和监管同步到位。

译文：あくまでも緩和と管理を両立させ、縦横連動協同管理の仕組みを構築し、責任と権限とがそろって下部へ委譲され、緩和・活性化と監督管理とがそろって徹底されるようにする。

受众表示不明白"放宽"什么。不明白什么是"纵横联动协同管理体制"。

例58. 原文：发展普惠金融。

第五章 三次小规模受众调查的分析与启发（2013—2015 年）

译文：「金融包摂」を発展させる。

受众表示不明白该词是什么意思。笔者注意到，该词全文中只出现了这一次，但没有任何注释说明。

例 59. 原文：完善国有资产管理体制，准确界定不同国有企业功能，推进国有资本投资运营公司试点。完善国有资本经营预算，提高中央企业国有资本收益上缴公共财政比例。

译文：国有资産管理体制を充実させ、各種国有企業の機能を的確に区分し、<u>国有資本投資運営会社のテスト作業を推し進める。国有資本経営予算を充実させ</u>、中央企業の国有資本経営の収益から公共財政予算への繰り入れの割合を引き上げる。

受众表示不明白下划线部分具体指的是怎么样的"试点"，也不明白"完善"的对象具体是什么。

以上例 52 到例 59，受众表示日语的字面大概能看懂，但是搞不明白这些词或短语具体指的是什么事情。造成受众看不懂的原因在于这些词或短语都带有浓厚的中国的社会语境色彩，日本受众则缺乏相关的知识背景储备，而上下文中译者也没有通过补充加译、加括号说明、加注释等方式进行解释，因此对于普通日本受众来说难以理解。其实不必说日本受众，即便是普通的中国人，如果平时不关注新闻和国家大事，不掌握相关经济、政治背景知识，对"要素条件""翘尾影响""改革深水区"等词也很难说清楚到底是什么意思。

4. 译文缺乏语篇意识造成受众难以理解

语篇意识主要指的是句与句之间的衔接与连贯。本次调查中一些受众反应看不明白的译文究其原因，在于译文中未处理好句与句之间的衔接和连贯问题。例如例 60 到例 64。

例 60. 原文：财政赤字和国债规模随着经济总量扩大而有所增加，但赤字率稳定在 2.1%，体现了财政政策的连续性。

译文：財政赤字と国債の規模は経済規模の拡大に伴っていくらか増えるが、財政赤字の対 GDP 比は 2.1% で安定する。<u>これは財政政策の連続性の反映である。</u>

受众指出划线部分意思不明确，不知道指示代词「これ」在这里指的是什么。这是没有处理好上一个分句和下一个分句之间的主题链

· 77 ·

接，让受众误以为改变话题了。

例61. 原文：货币政策要保持松紧适度，促进社会总供求基本平衡，营造稳定的货币金融环境。

译文：金融政策は緩和と引き締めを適切な度合いに保ち、社会の総需給の基本的均衡を促し、<u>安定したマネー・金融環境をつくり出すもの</u>でなければならない。

受众表示不明白划线部分指的是什么意思，原因显然是译文中没有处理好"货币金融环境"与句首的"货币政策"之间的前后呼应关系。

例62. 原文：要在稳增长的同时，推动发展从主要依靠要素投入向更多依靠创新驱动转变，从主要依靠传统比较优势向更多发挥综合竞争优势转换，从国际产业分工中低端向中高端提升，从城乡区域不平衡向均衡协调迈进。

译文：安定成長をはかりながら、発展が、主に生産要素の投入に頼るものから<u>もっと革新の推進力に頼るもの</u>に切り替わり、主に従来の比較優位に頼るものからもっと総合的な競争優位を発揮するものに切り替わり、産業の国際分業におけるロー・ミドルエンドからミドル・ハイエンドにレベルアップし、都市・農村間、地域間の不均衡から均衡・調和に大きく移行するよう促していかなければならない。

受众表示整个句子逻辑不明朗，尤其是划线部分的意思看不明白。

例63. 原文：<u>坚持和完善</u>基本经济制度。

译文：基本的経済制度を<u>堅持し、完全なものにする</u>。

受众表示不明白前后两个动词是什么关系，后面的动词对象是什么。

例64. 原文：把培育新的区域经济带作为推动发展的战略支撑。深入实施区域发展总体战略，优先推进西部大开发，全面振兴东北地区等老工业基地，大力促进中部地区崛起，积极支持东部地区经济率先转型升级，加大对革命老区、民族地区、边疆地区、贫困地区支持力度。

译文：新たな地域経済ベルトの育成を<u>発展促進のための戦略的</u>

支柱とする。地域発展総体戦略を踏み込んで実施し、西部大開発を優先的に推し進め、東北地区など旧工業基地の全面的振興をはかり、中部地区の興隆を大いに促し、東部地区経済の他地区に先駆けたパターン転換・レベルアップを積極的にサポートし、旧革命根拠地、少数民族地区、辺境地区、貧困地区への支援を強化する。

对于这一句，受众提出了两个疑问：第一个划线部分的「発展促進」促进的是什么的发展？是国家的发展吗？从该句的上下文来看难以判断。第二个划线部分的「総体戦略」与后面分句中的各个具体的战略是什么逻辑关系？由上下文难以推断。

（三）"2014 年调查" 的小结

笔者以 2014 年《政府工作报告》日译本为例，通过电子邮件对 10 名日本受众进行了调查，询问该译本中受众觉得日语表达不自然或者看不懂的地方。通过对本次调查结果的汇总，发现受众指出的问题可以归纳为 4 类：（1）译文部分表达的文体风格偏口语化；（2）原文"文字搬家"式译文导致受众看不懂；（3）缺乏背景知识造成受众不明其意；（4）部分译文在语篇的衔接与连贯上未处理好造成受众难以理解。

除了上述 4 个主要问题外，受众还指出，「断固として」「踏み込んで」「堅持する」三个词语在一文中分别出现了 7 次、7 次、16 次之多，建议变换一下说法，尤其是「断固として」和「堅持する」语气强烈，容易让日本受众感受到意识形态的差别，产生排斥感。

本次调查是在 2013 年调查的基础上追踪进行的，10 名调查对象里有 8 名是 2013 年受访者，为了避免问题重复，本次调查请受访者阅读 2014 年《政府工作报告》日文版的全文，请其指出感觉不自然或者看不懂的地方，未对 2014 年日译本的受众接受度进行调查。受众反映的问题中，大部分是 2013 年调查结果中已经体现出来的，即"文字搬家"问题、偏口语化问题和背景知识问题，这也凸显了研究这几个问题的重要性。同时，本次调查中还有新的发现，即部分译文语篇的衔接与连贯问题。另外，在探讨受众缺乏相应背景知识而译文中也没有相应进行补充说明，因而造成日本受众理解困难时，我们也发现，这些日本受众理解困难的词语或短语，其实对于普通缺乏相关背景知识的中国人来说，也一样是难以理解的。因此，我们有必要关注文本的受众分类的问题。也就是说，如译者访谈中有译者指出的那样，原文文本的对象并非普通的老百姓，而是具备政治、经济等相关背景知识的人，将之忠实翻译到目的语中去时，如果不做解释说明或其他相应处理，就算日译文在选词、句法、语篇等日语语言层面做得再好，普通的日本受众也跟普通的中国受众一样，会认为标准流利的日文译文不知所云。因此，2015年调查将把不同受众群体对译文的反应作为考察重点之一。

第三节 2015年《政府工作报告》日译本的受众调查研究

（一）调查方法与受众

2015年《政府工作报告》日译本的受众调查研究（简称"2015年调查"）以2015年《政府工作报告》日译本（中央编译局译本）为例，向包括专家型与普通型在内的共计13名受众进行了问卷调查。本次调查于2015年4月份进行，一共向13名以日语为母语的日本受众通过电子邮件进行开放式问卷调查。具体做法如下：通过电子邮件向被调查者介绍调查背景与目的，发送2015年《政府工作报告》日译本以及问卷。

问卷包括两问：1. 对日译文的整体评价；2. 如译文中存在难以理解之处，请指出并解释原因。13名调查对象的职业构成如下：6名大学教授（经济学或经营学）；1名国家公务员；1名在读博士（经营学）；2名大学职员；3名公司职员。13人均受过高等教育，最低学历为大学本科，最高为博士。按照学历以及对中国的了解程度，可将13名受众中的前8名视为专业型受众，后5名视为普通型受众。笔者从2014年调查结果受到启发，再次认识到受众群体分类的重要性，因此本次调查中着重考察了不同受众对同一译文的理解程度问题。这个问题在本次调查结果中有鲜明的体现，后文中将对此做具体说明。

（二）调查结果归纳与分析

1. 对译文的整体评价

本次调查中，受众对译文的整体评价大体可归纳为以下三点。

第一，13 名受调查者均认为，译文整体通顺流畅，表达自然，比较容易理解。

第二，译文的翻译特征明显。受调查者指出，因译文中出现许多中国色彩浓厚的词汇表达，容易看出是汉语母语者所译，而非日语母语者书写。译文中存在一些语法正确，但现代日语中没有（受众认为没有，可以理解为受众此前未见过）的句法表达。

第三，由于较多使用汉字词，译文的文风较为严肃生硬。本次调查的受众认为，这一点与该文章的政府公文性质相符合。因此尽管读起来并不轻松，但该译文在文体上符合受众的预期。

2. 受众反映容易理解的译文及分析

如上文所述，本次调查中，所有受调查者均认为译文整体通顺流畅，比较容易理解。对于比较容易理解的原因，有受众具体指出，一些中国特有词汇，译者在文后加括弧做注释有效帮助了受众理解。以下列举两个例子。

例 65. 原文：加强雾霾治理，淘汰<u>黄标车</u>和老旧车指标超额完成。

译文：スモッグ対策を強化し、<u>黄標車（排ガス基準をクリアしていないことを示す黄色いラベルが貼られている車）</u>や旧型車の目標廃棄台数を超過達成した。

例 66. 原文：<u>京津冀</u>协同发展、长江经济带建设取得重要进展。

译文：<u>京津冀（北京市・天津市・河北省）</u>地区の協同発展、長江経済ベルトの建設が重要な進展をとげた。

这两个译例中，译者采用了"借词+加注"译法，受到一些受众的好评。这些受众反映，刚看到译文时，并不理解"黄标车"和"京津冀"是什么意思，读了括弧中的解释后马上就明白了。"黄标车"和"京津冀"对于普通中国人来说，其含义是不言自明的。然而普通日本人并不具备与普通中国人相同的背景知识，采用加注的翻译方法，说明译者充分认识到了译文的受众不是中国人，而是外国人，在翻译时充分考虑了普通型受众的认知因素。

同时值得注意的是，对"借词+加注"的翻译方法明确表达好感的反馈意见均来自普通型受众。专业型受众对这类译文并未做出特别点评。受众群体不同，认知水平不同，对于了解中国国情的专业型受众来说，加注这种翻译方法并没有带来特别的好处。

3. 受众较难接受或理解的译文反馈与分析

本次调查中，受调查者反映较难接受或理解的译文基本为词汇问题，而且集中在中国特有的概念、现象或具有中国社会文化语境的词汇或短语表达上。以下从译文表达是否自然、是否易于读者理解、不同类型受众是否反应不同等三个方面，列举受众反应比较强烈的典型译文，同时提出应对策略。

（1）受众认为译文表达不自然的译例

例67. 原文：全国各族人民万众一心，克难攻坚，完成了全年经济社会发展主要目标任务。

译文：全国各民族人民は心を一つにし、難関を克服し堅塁を攻略して、経済・社会発展の年間主要目標・主要任務を達成した。

受调查者反映，「堅塁を攻略して」这一短语搭配虽然在词典中能查到，但很少使用，因此令译文读起来有生僻感。原文为"克难攻坚"，汉语习惯用前后词义相近的两个两字词组成的四字词，以增强行文气势，例如"雄伟壮观"等，但翻译成日语时，往往不必刻意重复。

例68. 原文：全面依法治国开启新征程，全面从严治党取得新进展。

译文：全面的な法に基づく国家統治（ガバナンス）は新たな征途につき、全面的な厳しい党内統治は新たな進展を見せた。

与上一译例相似，受众指出，「新たな征途につき」这个短语虽然在词典中能查到，但很少使用，因此或多或少也会妨碍阅读体验。另外，还有受众指出，「征途」一词容易令人产生骁勇好战的联想。尽管这只是个别普通型受众的意见，但是由于近年日本一些媒体有刻意制造中国"强兵、好战"形象的事实，作为代表中国官方声音的

第五章 三次小规模受众调查的分析与启发（2013—2015 年）

《政府工作报告》译文在选词上理应重视此类意见。

（2）受众反应较难理解的词汇译例

本次调查中受调查者反映较难理解的词汇基本可以归纳为以下两种情况：1. 中国特有的词汇；2. 专业性较强的词汇，多集中在经济领域。例 69 至例 74 属于第一种，即中国特有词汇表达。

例 69. 原文：中国自主研制的支线客机飞上蓝天。

译文：わが国が独自に開発した支線旅客機が大空に飛び立った。

「支線旅客機」是"支线客机"文字上对等的日语译文，然而多名受调查者认为，该词是汉语母语者的造词，日语中不存在。日语中一般使用「地域路線用旅客機」或者「リージョナルジェット」。

例 70. 原文：我们坚持以人为本，持续增加民生投入，保基本、兜底线、建机制。

译文：われわれはあくまでも人民の利益を第一に考えることを旨として、民生への投入を持続的に増やし、基本的生活の保障、最低ラインの厳守、仕組みの整備に力を入れた。

多名受调查者指出，不理解「最低ライン」具体指什么。

例 71. 原文：中国经济发展进入新常态，正处在爬坡过坎的关口，体制机制弊端和结构性矛盾是"拦路虎"，不深化改革和调整经济结构，就难以实现平稳健康发展。

译文：わが国の経済発展は新常態（ニューノーマル）に入り、「坂を登り峠を越える」べき重要な段階を迎え、体制・仕組み上の弊害と構造的な矛盾が「行く手を阻む虎」と化しており、改革の深化と構造の調整を行わなければ、安定した健全な発展は達成し難い。

多名受众指出，根据上下文意思，虽然大致可以推测出「坂を登り峠を越える」与「行く手を阻む虎」的意思，但这两个比喻说法在日语中不存在，令文章读起来有不自然之感。

例 72. 原文：推动重大文化惠民项目建设，广播电视"村村通"工程向"户户通"升级。

译文：大型文化利民プロジェクトが推し進められ、ラジオ・テレビ放送の「村々通（村々への普及）」プロジェクトが「戸々通

（各世帯への普及）」へと深化した。

多名受众反映,「大型文化利民プロジェクト」这个表达在日语中不存在,令译文显得不自然。「村々通（村々への普及）」与「戸々通（各世帯への普及）」因后面加括弧注释,可以理解意思,但是同时也令受众产生一个疑问,即"村村通"和"户户通"是非保留不可的专有名词吗？如果不是的话,不必保留该名词,直接译出意思,或可令译文更加简洁易读。

例73. 原文：众多"创客"脱颖而出,文化创意产业蓬勃发展。

译文：多くの「創客（クリエイティブ人材）」が頭角を現し、文化クリエイティブ産業が大いに発達した。

多名受众指出,「創客」在日语中不存在,这一汉字组合带给日本人的第一印象是,"创造客户"的意思。而汉字上面标注的「ハッカー」一词,则是侵入他人电脑窃取信息的犯罪分子的意思,相当于汉语中的"黑客"。

例74. 原文：加大强农惠农富农政策力度,实现粮食产量"十一连增"、农民收入"五连快"。

译文：「強農・恵農・富農」政策を強めて、食糧生産量の「11年連続の増加」と農村住民の所得の伸び率の「5年連続の都市部住民超過」を実現した。

多名受众指出,不明白「強農・恵農・富農」的具体含义。对于「11年連続の増加」和「5年連続の都市部住民超過」,意思虽然理解,但不明白为何要加上引号。

近年来,政府工作报告中经济领域内容占据较大篇幅,因此经济类专业词汇,尤其是中国特有的、在日本没有对应概念的词汇译文令日本受众较难理解。例11到例17属于本次调查中受众反映较多的、以经济领域为主的专业词汇的例子。

例75. 原文：一是在区间调控基础上实施定向调控,保持经济稳定增长。

译文：（一）区間コントロール（経済の動きを合理的な範囲内に保つための調整）を土台としてターゲット・コントロール（対象を特定した調整）を実施し、経済の安定成長を保った。

第五章 三次小规模受众调查的分析与启发（2013—2015 年）

受众反映，「区間コントロール」乍看不明白意思，读了后面注释后可以理解，然而从该词日译文的字面较难理解意思。

例76. 原文：面对经济下行压力加大态势，我们保持战略定力，稳定宏观经济政策，没有采取短期强刺激措施，而是继续创新宏观调控思路和方式，实行<u>定向调控</u>，激活力、补短板、强实体。

译文：経済の下押し圧力が強まる情勢を前にして、われわれは戦略的不動心を保ち、マクロ経済政策を安定させ、短期的な強い景気刺激策を採ることなく、引き続きマクロコントロールの考え方と方式を刷新し、<u>ターゲット・コントロール</u>を実施して、経済の活性化、脆弱部分の補強、実体の強化をはかった。

跟例75类似，受众反映，仅凭「ターゲット・コントロール」难以理解其意思。

例77. 原文：完善金融监管，坚决守住不发生<u>区域性系统性风险</u>的底线。

译文：金融に対する監督・管理をより完全なものにし、<u>地域性（リージョナル）リスクと系統性（システミック）リスク</u>が発生しないよう限度ラインをしっかりと守った。

多名普通型受众指出，「地域性（リージョナル）リスク」与「系統性（システミック）リスク」平时很少看到，虽然根据上下文大体能够推测其意义，但具体含义较难理解。另外，专业型受众则建议将「地域性（リージョナル）リスク」译为「領域性リスク」更能传达原文含义，因为"区域性风险"中的"区域性"并非地理上的概念，而是指某个特定市场或者结算体系的风险。《经济日报》2013年7月16日对"区域性金融风险"做出如下定义："所谓区域性金融风险，是指在某一经济区域内的金融体系聚集了较大风险，进而通过其网络和资金链向其他行业传导，演变为更大规模的金融风险。"根据这一定义，该专家意见值得借鉴。

例78. 原文：<u>实际使用外商直接投资</u>1196亿美元，居世界首位。

译文：<u>外商直接投資</u>の実質利用額が世界第1位の1196億ドルとなった。

专业型受众指出，日语中没有「外商直接投資」一词，尽管根据上下文可以推测出该词的意思，但如果更改为日语中常用的「対内直接投資」一词，可令译文更容易看懂。

例79. 原文：深化商事制度改革，进一步简化注册资本登记，逐步实现"三证合一"，清理规范中介服务。

译文：商事制度の改革を深め、資本金登記の手続きをさらに簡素化し、「三証合一（工商営業許可証、組織・機関コード証、税務登記証の一本化）」を徐々に実現し、仲介サービスを整理・規範化する。

受众反映，即使联系上下文，也很难了解「商事制度」的具体含义。

例80. 原文：推出巨灾保险、个人税收递延型商业养老保险。

译文：巨大災害保険、個人税繰延型（積み立て期間中は保険料に所得税を課税せず、保険金の受け取り時に課税する）商業養老保険を導入する。

受众指出，比起「商業養老保険」这一日语中不存在的词汇，「民間養老保険」更容易理解。

例81. 原文：四是织密织牢民生保障网，增进人民福祉。

译文：（四）民生の保障網（セーフティーネット）をしっかりと張り巡らせ、人々の福祉を増進した。

数名受众指出，「保障網」一词在日文中不存在，根据上下文，建议改为「生活セーフティネット」或「民生分野のセーフティネット」，更利于日本人理解。

（3）专家型与普通型受众反应有别的译例

例82. 原文：实行义务教育免试就近入学政策，28个省份实现了农民工随迁子女在流入地参加高考。

译文：「義務教育段階の子供の最寄り学校への無試験入学」政策が実施されたほか、農民工随伴子女の滞在先での大学入試受験が28の省・自治区・直轄市で可能になった。

普通型受众指出不明白「農民工」的意思。专业型受众虽然能够理解意思，但也建议，为普通日本读者考虑，不如改为「出稼ぎ農民」，更利于理解。

例83. 原文：我们要直面问题，安不忘危，治不忘乱，勇于担当，不辱历史使命，不负人民重托。

译文：われわれは問題を直視し、「安けれども危うきを忘れず、治まれども乱を忘れず（安泰なときでも危険や混乱に対する注意を怠らず）」、果敢に職責を担い、歷史的使命に背かず、人民の切なる負託に応えなければならない。

专业型受众与个别普通型受众表示，「安けれども危うきを忘れず、治まれども乱を忘れず」是汉文训读，受过一定教育的日本人能够读懂，不必特意加上现代日语的注释。

综上所述，本次调查中受众反映较难接受或难以理解的译文主要集中在词汇短语层面，一些日本没有的、中国特有的概念性词汇或短语在译入日语时，如缺乏相应的解释，就会给受众带来理解上的障碍。而受众对中国的了解程度、受教育程度、经济等专业知识的积累程度等，直接影响其对译文的理解。除上述译例外，本次调查中还有一典型例子，即"人口红利"，其译文「改革ボーナス」一词系仿「人口ボーナス」而造，专业型受众均能理解，但普通型受众大部分提出没见过该词、不解其意。由此可见，中译外时，有必要明确译文的受众群体，根据受众群体的背景知识程度选择翻译策略，对于不熟悉中国、背景知识较为欠缺的普通型受众，宜制作解释较为详尽的译文；对于背景知识积累较为丰富的专业型受众，则不必如此。另外，对于普通型受众，为了吸引其阅读兴趣，达到更好的外宣效果，或可以考虑结合普通型受众对中国的关注点，为其量身定做简略版的普及型译文读本。

（三）"2015年调查"的小结

以上介绍并分析了2015年4月进行的第三次受众调查的结果。本次调查以2015年国务院政府工作报告日译本为例，选择专家型与普通型受众共计13人进行了问卷调查。本次调查结果显示，该译本的受众评价较高，较好地实现了外译目的。本次受调查者均认为，译文整体通顺流畅，表达自然，比较容易理解。同时受调查者指出，该译文翻译特征明显，因译文中出现许多中国色彩浓厚的词汇，容易看出是汉语母语者所译，而非日语母语者。

受众反映较难接受或理解的译文基本为词汇问题，集中在中国特有的概念、现象或具有中国社会文化语境的词汇或短语表达上。对于部分词汇，受调查者从自己的角度提出了修改建议。

笔者将本次调查的受调查者划分为专业型受众和普通型受众，对其反馈结果汇总分析后发现，两类受众对同一译文的反映有一定共性，专业型受众对一些中国特有词汇接受度较高，而普通型受众则需要更多解释。这说明，受众自身对中国的了解程度、受教育程度、专业知识的积蓄程度等直接影响其对译文的理解。基于这一发现，笔者建议，中译外时有必要明确译文的受众群体，为不同的受众群体制作不同的译文。对于普通型受众，为更好达到外宣效果，可以不必拘泥于原文，可以考虑结合普通型受众的兴趣点制作简略版的普及型读本。

第四节　三次小规模受众调查的成果与不足

本人于2013年至2015年期间，在每年政府工作报告的原文与中央编译局译本正式发布之后（分别为7月、7月、4月），向8名、10名、13名以日语为母语的日本受众，通过网络电话访谈或者电子邮件进行开放式问卷调查，前后共进行三次以受众为对象的定性调查，目的是了解日本受众的阅读目的以及他们对日译本的评价，为回答绪论中提出的第二问和第三问做铺垫。

调查方法与概要如下：访谈的具体做法是实施人（笔者）预先准备好提问大纲，根据受访者的回答情况临时追加问题；问卷调查是通过电子邮件向被调查者介绍调查背景与目的，发送当年政府工作报告日译本以及问卷。每年的提问或问卷在细节上略有变动，但主要包括两方面：1. 对日译文的整体评价（2014年调查无此问题）；2. 如译文中存在难以理解之处，请指出并解释原因。受调查者均受过大学本科以上的高等教育，其中60%左右为大学教授或研究人员，其余为公司职员等。

（一）三次小规模受众调查的成果

通过2013年至2015年间进行的三次小规模受众访谈与开放式问

第五章 三次小规模受众调查的分析与启发（2013—2015 年）

卷调查，笔者从调查结果中总结出以下几点：

第一，受众对政府工作报告日译文的总体评价较高。绝大部分受调查者（90%以上）认为，该译文整体比较通顺流畅，表达比较自然，比较容易理解；也就是说，受众对该译文的评价较高，接受度较高。

第二，政府工作报告及其日译本在日知名度较低。第一次调查结果显示，8 名受访者中，有 4 名听说过《国务院政府工作报告》，但只有 2 名阅读过，即有 50%的受调查者听说过政府工作报告，只有 25%的受调查者阅读过，这 25%的受调查者的阅读目的是工作需要；所读文本既有日译本，也有中文原文；阅读方式为粗略浏览，找到所需数据后即止。对于中央编译局每年发布的日译本，所有受访者均表示不知道。中央编译局发布的日译本从未冠上译者之名，而是通过两会会场发布给参会媒体，并由新华网、人民网等媒体以及日本相关研究机构的转载。访谈中甚至还有受访者表示以为该译本的译者是新华社。

第三，受众认为政府工作报告日译本的翻译特征明显。尽管受众对该日译本评价较高，但也同时指出，该译文的翻译特征明显，如中国式的日语表达较多，中国特有的抽象概念较多；由于较多使用汉字词，文风显得较为严肃生硬等。

第四，专业型受众与普通型受众对某些译文的反映不同。尽管两类受众对同一译文的反映具有一定共性，但在部分对背景知识储备要求较高的译文上，两者的理解程度体现了明显的差异。专业型受众对一些中国特有词汇接受度较高，而普通型受众则需要更多解释。这说明，受众自身对中国的了解程度、受教育程度、专业知识的积蓄程度等直接影响其对译文的理解。

第五，影响受众理解政府工作报告日译本的因素或问题点有：1. 词汇层面：选词过分拘泥字面，造成译文的"文字搬家"和形容词等修饰词"冗余"现象；外来语选词欠妥；选词偏口语化；中日同形异义词的误用；2. 句法层面：头重脚轻的句子结构，修饰语使用位置不当，单个句子过长或者过短；3. 语篇层面：句与句之间的衔接与连贯不当，造成语篇逻辑层次不清晰，产生歧义或者不能达意；4. 社会文化层面：由于日本受众不具备中国社会文化的背景知识储备，如无注释或补充说明,难以理解中国特有的概念、现象或具有浓厚文化背景的词汇或短语表达。

第六,受众为提高译文接受度提出的建议:1. 冗余的形容词、副词等修饰成分,除非具有特意强调等意义,否则可大胆删减,令译文避免重复累赘;2. 可适当调整原文的语序,令译文更通顺易懂;3. 句子不宜过长,句与句之间适当增加连词,使句子间逻辑关系显化;4. 对中国特有的概念、现象或文化词汇,可适当增加说明,以帮助读者理解;5. 比起语言色彩偏庄重的汉字词,宜更多使用更贴近民众生活的和语词;6. 字数较多的专有名词可在第一次出现时,括弧里写上"以下简称……"之后以简称出现;7. 注意修饰语的使用位置,以免造成误解;8.「断固として」和「堅持する」等词语语气强烈,且出现频率过多,应适当变化说法。

(二) 三次小规模受众调查的不足

通过三次调查,笔者了解到受访者对政府工作报告报告的评价较高,同时也了解了受众认为该译文存在的主要问题,以及受众的修改建议。以上发现对于从事中央文献翻译工作的译者以及研究人员来说很具有启发意义。本章中使用的小规模定性的访谈调查以及开放式问卷调查法是有效的,通过这些方法,可以直接了解译文受众的反应,为提高译文质量与效果提供重要参考。然而,小规模定性调查法也存在很大的局限性,即调查对象数量少,采集受众样本过小,偶然性较大。"一千个读者有一千个哈姆雷特",本章中进行的小规模受众定性调查结果难免存在因人而异的主观性。为了弥补这一缺陷,需要进行大规模的量化调查分析。下一章中将介绍笔者在本章中三次小规模定性调查的基础上设计、进行的相对而言大规模的量化问卷调查。

第六章　较大规模的受众调查分析与启示

如第五章所述，为了解日本受众的阅读目的以及对日译本的评价，笔者于2013年至2015年间通过网络电话访谈或者电子邮件进行开放式问卷调查的形式，以日语母语的日本受众为对象，前后共进行三次小规模的开放式调查，其结果与分析也在第五章进行了介绍。通过这三次小规模受众调查，笔者发现，受访者对政府工作报告的评价较高，同时还了解了受众反馈的问题点与建议，这些对翻译研究与提高译文质量提供了重要参考。尽管通过三次小规模调查与分析得出了以上成果，但它同时存在着调查对象数量少、数据采集样本小、偶然性较大的缺点。为了弥补上述不足，笔者结合三次小规模开放式调查的结果以及译者关注的问题点，设计了以选择题为主的调查问卷，并在较大范围发放。本章介绍本次较大规模问卷调查的相关背景及其结果，并对结果分别进行定性与定量分析，总结其对中央文献翻译与研究的启发点。

第一节　问卷设计

（一）题型：选择为主、开放式填写为辅

第五章介绍的三次小规模开放式调查最大的缺点是调查对象有限、受众样本小，导致调查结果偶然性偏大，因此本次调查必须扩大样本量。为便于开展调查以及得到受众配合，本次调查在设计问卷时采用四选一为主的选择题，对部分问题辅之以开放式填写栏，即"选

择该项的原因",由受众自愿填写。

(二) 调查目的

笔者希望通过本次调查解决以下问题。

第一,了解受众对政府工作报告日译文的总体评价。

第二,了解政府工作报告及日译文在日本受众中的认知度。

第三,受众类型是否影响其对译文的评价。如前文所述,笔者假设专业型受众与普通型受众因其对中国了解程度不同,对译文的评价会有差异,即专业型受众比起普通型受众对译文的理解程度高,评价也会高于后者。

第四,了解日本受众阅读政府工作报告的目的。根据功能翻译理论,译者需同时对翻译发起人、原文作者以及受众忠诚。因此,受众阅读译文的目的对译者决定翻译策略具有非常大的参考价值。

第五,了解大部分受众对某些具体翻译技巧的偏好,解答译者的关切点,为解决翻译实践中的一些实际问题提供参照。笔者在与译者访谈的过程中,了解到译者比较关心的问题点,一是受众是否接受对某些关键词汇采用汉字上标外来语的译法;二是对中国特色浓厚的词汇加译者的说明或注释时,文中加括号的方式与脚注的方式哪种利于受众接受;三是受众是否接受将中国式修辞(如比喻、拟人、排比)搬入日语的译法;四是部分中文新词关键词("创客""一带一路")在日本的接受程度。

围绕上述调查目的,笔者设计了调查问卷,调查问卷共4页,包括两个部分:必答部分和选作部分。必答部分有18大题的选择题,其中第一问有四个小问,因此总共为21个选择题;有的题目最后设置空栏,以便受调查者自由填写选择理由;选做部分由4个选择题和1个开放式问题组成。

第二节 调查概要

本次问卷调查实施期间为2015年10月至12月;通过笔者以及

第六章 较大规模的受众调查分析与启示

调查员向日语母语者直接发放纸质问卷或者发送电子邮件的形式，共发放问卷 300 份，回收 204 份，有效问卷 199 份，有效回收率为 66.3%。

　　本次调查共发放两种问卷，即"问卷一"与"问卷二"；其区别在于第 15 问和第 16 问两个设问不同。"问卷一"的第 15 和 16 问设问目的在于调查受众在保留汉语比喻说法的直译法与去掉比喻的意译法之间更偏好哪种。在"问卷一"的发放与回收过程中，笔者发现除了少数非常了解中国文化的受众之外，绝大多数受众都偏向去掉比喻的意译，受众偏好已经非常明显。这时恰好收到译者提出的意见，即希望了解中国特色新词在受众中的传播程度，因此笔者临时更改了第 15 问和第 16 问，换为调查新词传播情况的选择题后，继续向新的调查对象发放，本章中称"问卷二"。

　　两份问卷的发放与回收情况分别为："问卷一"发放 260 份，回收 175 份，其中有效问卷 171 份；有效回收率为 65.8%；"问卷二"发放 40 份，回收 28 份，其中有效问卷 28 份；有效回收率为 70%。

問卷一的第 15 問与第 16 問	問卷二的第 15 問与第 16 問
15 以下の二つの文から、よりわかりやすい、自然だと思うものをお選びください。（　） A 輸出割戻し税分担の仕組みをより完全なものにし、2015年度より増分は中央財政が全額負担することとし、地方と企業の負担を確実に軽減する。 B 輸出割戻し税分担の仕組みをより完全なものにし、2015年度より増分は中央財政が全額負担することとし、地方と企業に「鎮静剤」を飲ませる。 理由： 16 以下の二つの文から、よりわかりやすい、自然だと思うものをお選びください。（　） Aスモッグの発生範囲が拡大するなど、環境汚染の問題が際立っているが、これは大自然が粗放型発展に対して点した赤信号である。 Bスモッグの発生範囲が拡大するなど、環境汚染の問題が際立っているが、これは大自然が粗放型発展に対する警告である。 理由：	15 中国語の「创客」という言葉について、どの訳語がよりふさわしいと思いますか。（　） A　アイデア実現者 B　創客（メーカーズ） C　創客（クリエイティブ人材） D　あまり聞いたことがないので、よくわからない E　その他 16 中国語の「一帯一路」という言葉について、どの訳語がよりふさわしいと思いますか。（　） A　「一帯一路」（シルクロード経済ベルト、21世紀海上シルクロード） B　「海と陸のシルクロード経済圏（一帯一路）構想」 C　「一帯一路」（現代版シルクロード構想） D　あまり聞いたことがないので、よくわからない E　その他

第三节　调查结果与分析

两份问卷均由两个部分组成，即（1）基本部分和（2）附加部分。

（1）基本部分有18问，其中第一问有四个小问，其余均为一问，题型为选择题，有的题目最后可供受调查者填写理由；配合调查的199名受众均予填写。

（2）附加部分需要被调查者先阅读附送的2015年政府工作报告日译文全文，再进行回答，因此只有137名受众参加调查；附加部分共5问，前4问为四选一，最后一问是开放式提问。

以下先对每题的统计结果进行介绍与简单分析。

（1）基本部分

0. 问卷开头

问卷开头部分先介绍了本问卷的调查背景、目的等，并设置了填写邮箱的空格，如受调查者对结果感兴趣，可留下电子邮箱。结果是，199份有效问卷中，只有25人提供了邮箱地址表示希望了解调查结果，仅占总人数的12.6%。

可见，整体而言，本次受调查者对本调查并非特别感兴趣。原因在于，本次调查对象大部分是普通型受众，他们对政治不是特别感兴趣，并不喜欢阅读公文类文件，无论是中国的公文还是日本的公文，均不能引起他们的阅读兴趣。

1. 第一问：受众背景

第一问包含四个小问，均为关于受调查者背景信息的选择题。

问题一：①受调查者年龄层

表6.1　受调查者年龄层分布

	人数	百分比
10—19 岁	5	2.5%
20—29 岁	96	48.2%

续表

	人数	百分比
30—39 岁	15	7.5%
40—49 岁	19	9.5%
50—59 岁	33	16.6%
60—69 岁	22	11.1%
70 岁以上	9	4.5%
合计	199	100%

数据来源：笔者根据调查结果制作。由于本章中所有图表数据来源相同，以下不再重复标注。

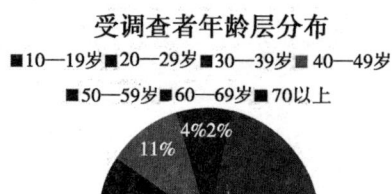
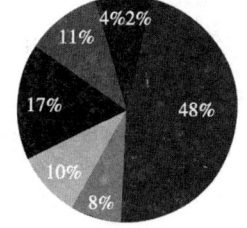

图 6.1 受调查者年龄层分布

本次调查划分了 7 个年龄层人群，除了 70 岁以上之外，每 10 岁为一个年龄层，涵盖了所有具备理解本次调查文本能力的人群。结果显示，本次调查中，协助调查的人数最多的是 20—29 岁人群，占 48%[①]；其次是 50—59 岁人群，占 16%；第三是 60—69 岁人群，占 11%。

---

① 本结果并非笔者有意为之。由于笔者个人能力所限，问卷通过自己的老师、朋友、学生向其认识的日本人发放，因此结果中 20—29 岁人群最多。但该年龄段人群属于思想较为开放、活跃的人群，应该认为其意见具有较高价值。因此笔者未对该结果进行统计方法上的调整。

问题一：②受调查者的职业

受调查者的职业分布如表 6.2a 与表 6.2b 所示，"学生（大学生）"最多，第二是"其他"，第三为"学者"。"其他"职业中最多的是公司职员，此外还有大学或其他团体职员、教师、退休人员、主妇等。可见，本次调查的受众职业分布相对均衡，既有学者等专业型受众，也有公司职员、主妇等普通型受众。从人数上来说，普通型受众所占比例大于专业型受众。

表 6.2a　受调查者职业分布（共 199 人）

职业类型	人数
记者	1
学者	39
学生	87
其他	72
合计	199

表 6.2b　选择"其他"人员职业的填写情况（共 72 人）

职业类型	人数
公司员工	29
职员（机构或大学）	10
教师	6
退休人员	3
个体户	1
主妇	2
研究员	1
打零工	4
注册会计师	1
国家公务员	2
未填写	13
合计	72 人

问题一：③受调查者的学历构成（共 199 人）

本次受调查者的学历分布为：大学本科最多，占总人数的近 6 成；其次是研究生，占近 3 成；两者相加占总人数的近 9 成。换言之，本次调查的受调查者绝大部分是受过高等教育的高学历人士。

表 6.3　学历构成

学历	人数	百分比
高中	12	6.0%
大学本科（含在读）	115	57.8%
研究生（含硕士与博士）	60	30.2%
其他	8	4.0%
未填写	4	2.0%
合计	199	100%

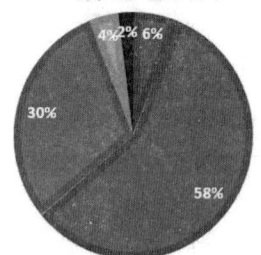

图 6.2　学历构成

问题一：④中文理解程度（共 199 人）

本次调查的受调查者中，"完全不懂汉语"的日本人占总人数的近一半；"懂一点"的占 3 成；汉语水平"相当懂"和"与中国人差不多"的加在一起占总人数的 1 成略多。换言之，本次调查的对象大部分是不懂汉语或只懂一点的日本人。他们对译文的意见基本能够反映普通日本人的总体意见。

表 6.4 中文理解程度

理解程度	人数	百分比
完全不懂	92	46.2%
懂一点	64	32.2%
一般	21	10.6%
相当懂	16	8.0%
与中国人差不多	6	3.0%
合计	199	100%

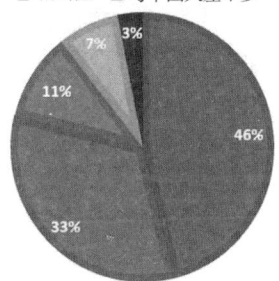

图 6.3 中文理解程度

问 2 以前是否读过《政府工作报告》?

参与本次调查的 199 人之中,在本次调查之前读过《政府工作报告》的有 23 人,占 11.6%;听说过但没有读过的有 41 人,占 20.6%;没有听说过的占总人数的 6 成多,说明《政府工作报告》在日本的知名度不高,大部分普通日本人并不知道《政府工作报告》。这个结果与第五章介绍的三次小规模调查的结果一致,同时也说明,包括政府工作报告在内的中央文献在海外的影响力与知名度还有很大的提高空间。

表6.5 听说过或读过《政府工作报告》的比例

调查对象情况	人数	比例
读过	23	11.6%
没读过，听说过	41	20.6%
既没有读过，也没有听说过	126	63.3%
未填写	9	4.5%
合计	199	100%

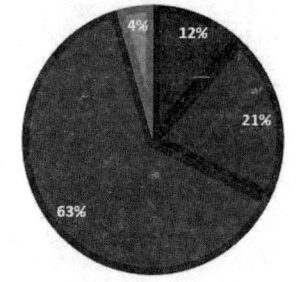

图6.4 听说过或读过《政府工作报告》的比例

问3 （问2中选择"读过"的受调查者）阅读报告的目的（复选）

了解受众的阅读目的对于译者选择翻译策略具有较高的参考价值。问3的设问意图就在于了解受众的阅读目的与需求。本次调查结果显示，受众的阅读目的按照选择人数多少依次为：研究、个人兴趣爱好、商业目的及其他。当然，由于本次调查中选择"读过"的受调查者总数只有23人，此结果只能说具有一定的参考价值。

第六章 较大规模的受众调查分析与启示

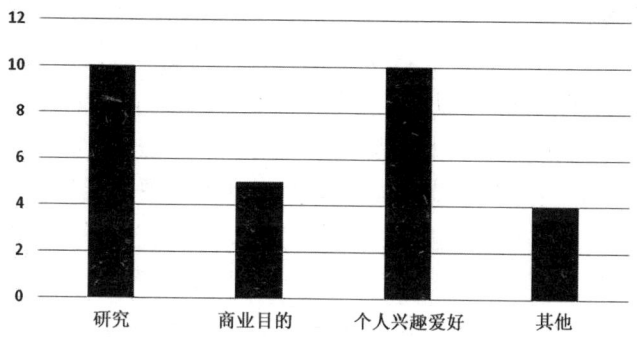

图6.5 （问2中选择"读过"的受调查者）阅读报告的目的（复选）

问4 想了解中国的什么方面情况？（复选）

问4面向所有被调查者提问，即回答总人数为199人，允许同一人选择多个选项。此题是为了了解日本受众（包括直接与间接受众）对中国的哪些方面感兴趣，换言之即受众的需求，以便为中国相关部门制订对日宣传策略提供参考。本次调查结果显示，参与本次调查的日本受众关注中国的方面按照选择次数多少排序，分别为：文化、经济、社会、政治、文学艺术、外交、其他。

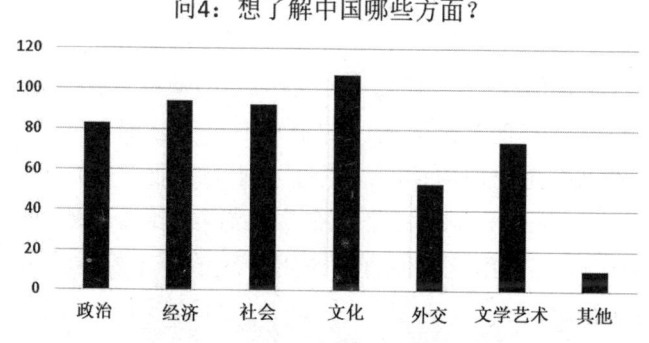

图6.6 受众对中国感兴趣的方面

问5 "国家治理"的译法

从问5开始，问卷提问均为调查受众对不同译法的偏好。问5的提问意图是了解受众对于中国特色词采用汉字词上标外来语的译法接受程度。

问5选择了"国家治理"一词提问。政府工作报告采用的译法是「国家统治」,「统治」汉字上标「ガバナンス」,根据笔者对译者进行的访谈,译者之所以采用这种译法主要出于两点考虑:第一,避免受众误解,由于「统治」一词在日文中感情色彩过于强烈,可能给日本受众独裁、强权统治等过于强硬的误解,因此加上意为"治理"的外来语假名,避免误解;第二,中译外选择译语时要有前瞻性、主动性,为了将中国的"国家治理"概念介绍到国外,初期使用标注外来语假名的形式,实际起到译者注解的作用,待一段时间之后,大部分外国受众对"国家治理"概念有一定了解之后,再去掉外来语假名。

笔者设置的选项分别为:政府工作报告的译法、直接使用外来语的译法、直接使用汉字的译法以及其他。本次调查结果显示,选择汉字译法的最多,占45.7%;其次是政府工作报告译法,占41.2%,与前者仅相差4.5个百分点;选择外来语的人只有9%。此外选择"其他"的人提出的建议译法有:"国家によるコントロール、国家統制、统治、共産党の党内統治。"这些译法似乎有带着有色眼镜看中国之嫌疑。

从问5的调查结果来看,近一半的受众能够接受政府工作报告的译法,即汉字词上标外来语的说法;比这种译法更容易接受的译法是直接使用汉字词的译法。然而,就译者关心的是否会造成受众误解的问题,从选择"其他"的人提出的个别带有明显偏见的译法提议来看,译者的确有充分理由担心。不过,对于专业型受众而言,由于"公司治理"一词的日语译法是「企業統治」,外来语是「コーポレートガバナンス」,因此即便直接使用「統治」不标注外来语假名,也不会带来误解。

表6.6 受众对"国家治理"译法的偏好

日语译法	人数	百分比
国家統治	91	45.7%
国家統治^{ガバナンス}(上标送假名)	82	41.2%

续表

日语译法	人数	百分比
国家ガバナンス	18	9.0%
其他	8	4.0%
合计	199	100%

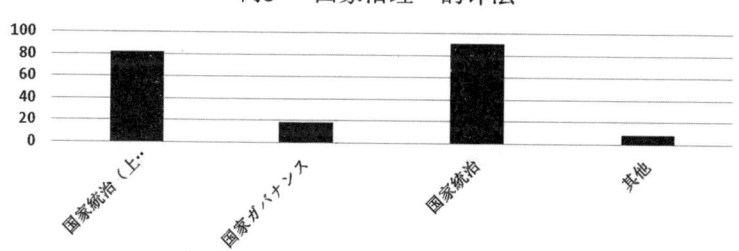

问5 "国家治理"的译法

图6.7 受众对"国家治理"译法的偏好

问6 "改革红利"的译法

问6的设问目的与问5一样，都是为了考察受众是否接受汉字上标外来语的译法。然而，选项除了政府工作报告的译法之外，外来语译法除了使用「ボーナス」（奖金、红利）之外，还设置了同是外来语的「プレミアム」（溢价）、「メリット」（好处）的选项；结果显示：选择「改革メリット」的最多，占37.7%；「改革ボーナス」排在第二位，占28.1%；政府工作报告译法排在第三位，占20.6%。

第三次小规模调查有一个发现，有普通型受众指出，不理解「改革ボーナス」的意思；而专业型受众士则无人对此词感到陌生，因为日语中有「人口ボーナス」（人口红利）一词。本次较大规模调查的结果也显示了与前面第三次小规模调查相同的现象。这再次反映出不同类型的受众对于同一个词的反应是不一样的，普通型受众不理解的词，不一定就是错的或者不地道的；而专业型受众认为地道的译法，不一定适合普通型受众；不同类型的受众需要不同的译法。

表6.7 受众对"改革红利"译法的偏好

日语译法	人数	百分比
改革<ruby>紅利<rt>ボーナス</rt></ruby>（即：汉字上标外来语）	41	20.6%
改革ボーナス	56	28.1%
改革プレミアム	13	6.5%
改革メリット	75	37.7%
其他	14	7.0%
合计	199	100%

问6 "改革红利"的译法

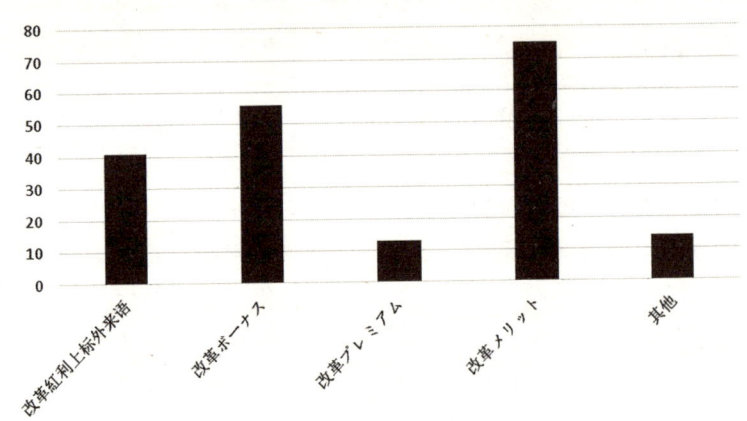

图6.8 受众对"改革红利"译法的偏好

问7 注解方式（文中加括弧 VS 尾注）

问7的设问目的在于了解受众对于译者加注方式的偏好。译文受众的社会文化背景和知识储备不同于原文受众，对原文受众来说不需要任何附加说明的词，对于译文受众来说，如果译者不增加解释说明，可能令受众一头雾水、不知所云。这一点在前三次小规模调查结果时已经得到了印证，即大部分受众表示译文不解其意的地方，原因在于不具备中国社会文化的知识储备。这给译者的启示是，译者需要凭借自身对双语文化和译文受众的了解，预判哪些内容需要译者加

第六章 较大规模的受众调查分析与启示

注,同时以适当的方式加注。

译者们普遍认为,从减少受众阅读负担的角度来看,加注的最佳方式是在正文中融入解释说明,不留注解的痕迹;其次是文中加括弧;再次是脚注或尾注。

本问要解决的问题是,当无法做到最佳时,当需要解释的内容较长时,文中加括弧和脚注(或尾注)的方式哪种更容易让受众接受。近年的政府工作报告日译文对加注一律采取文中解释或者文中加括弧的方式。在译者访谈中,译者解释道,这是由于政府工作报告作为政府公文具有格式严谨、高度权威规范严肃的属性,在没有获得上级或委托人明确授权的前提下,译者不能做任何更改,包括加上脚注这样的格式更改。此外,如果做脚注解释的话,还涉及译者是否具有解释权的问题,即脚注对该名词的解释的汉语内容应该是什么,应该由委托人或原文作者来起草还是由译者自行起草。目前的现状是,译者没有获得明确授权可以自行做格式上的更改或者起草解释的内容。

本问选择了一个注释内容较多的例子,即"三个一亿人",这是一项政策的形象化简称,译者加注有83字之长,即"(農業からの移転人口約1億人の都市戸籍への転籍促進、約1億人が暮らしている都市部バラック地区と城中村[都心にある村]の改築、約1億人の中・西部地区内での都市化[市民化])"。

本次调查结果显示,75.4%的人选择"尾注"的方式;选择"文中加括弧"的只有22.6%。选择"尾注"的受众同时指出,"尾注"不如"脚注"方便阅读。本结果的启示是,当需要解释的内容较长时,较之"文中加括弧"的译者注解,受众更容易接受"脚注"。

表6.8 受众对译文加注方式的偏好

注解方式	人数	比例
文中加括弧	45	22.6%
尾注	150	75.4%
不知道	4	2.0%
合计	199	100%

· 105 ·

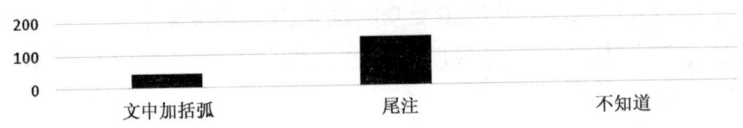

图 6.9 受众对译文加注方式的偏好

问 8 和问 9　汉日同形词——"民生"的译法

问 8 和问 9 的设问目的在于了解受众对于汉日同形词"民生"一词几种译法的偏好性。"民生"是个汉日同形词，但是在汉语和日语中的意思和使用范围有所不同。汉语中，"民生"的意思是"民众的生计、生活"，使用非常广泛；日语中，「民生」的意思是「国民の生活、特に社会福祉面に関する事柄」，意思与汉语相对应。关于"民生"的译法，有两种可能：（1）日本受众能够理解并接受同形词「民生」；（2）日本受众不能很好理解并接受「民生」。通过调查结果，我们能够检验两种可能性的大小，为译者遇到汉日同形词时的选词提供参考。

问 8 设问选择"要以增进民生福祉为目的"中"民生福祉"的译法①，设置了三个选项：「人民の福祉」「国民の福祉」「民生福祉」「その他」；调查结果显示，绝大多数日本受众选择「国民の福祉」，占 78.4%；其次是编译局的译法「人民の福祉」，为 12.6%；将汉语文字照搬到日语的译法「民生福祉」只有 8.5% 的人选择。

这个结果对我们有两点启示。首先，"民生"一词在汉日双语中虽然都存在，但在双语中的意义并不等同，日本受众对「民生福祉」一词的接受程度较低。也就是说，关于"民生"的译法，第二种可能性，即译文受众不能很好理解并接受的概率要大得多。其次，"人民"和"国民"也是在汉日双语中都存在的同形词，两个词的所指大体相

---

①　出自 2015 年政府工作报告，原文为："要以增进民生福祉为目的，加快发展社会事业，改革完善收入分配制度，千方百计增加居民收入，促进社会公平正义与和谐进步"；编译局译文为「人民の福祉の増大を目的として、社会諸事業の発展を加速させ、所得分配制度の改革・充実をはかり、あらゆる手を尽くして住民の所得を増やし、社会の公平・正義と調和・進歩を促す必要がある」。

同,然而日本受众更容易接受「国民」一词,因为他们的话语体系中多使用该词。许多日本受众表示,看到「人民」一词,他们脑海中马上能联想到社会主义的意识形态。这一点给我们的启示是,「人民」「国民」两个近义词虽然所指一致,但体现的意识形态不一样,因此,需要突出意识形态的时候适宜选择「人民」,不需要强调意识形态、更需要获得日本受众的共鸣时,则适宜选择「国民」。

表6.9 受众对"促进民生"中"民生"的译法偏好

日语译法	人数	百分比
人民の福祉	25	12.6%
国民の福祉	156	78.4%
民生福祉	17	8.5%
其他	1	0.5%
合计	199	100%

问8 "促进民生"中"民生"的译法

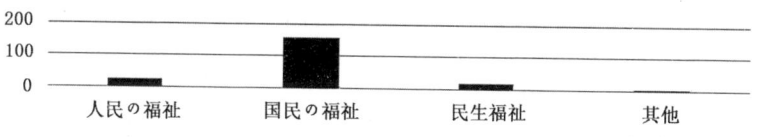
图6.10 受众对"促进民生"中"民生"的译法偏好

问9选择的是"能源生产和消费革命,关乎发展与民生"中"民生"的译法,设置了三个选项:「民生」「人民の生活」「国民の生活」「その他」;调查结果显示,绝大多数日本受众选择「国民の生活」,占83.2%;其次是编译局的译法「人民の生活」,为10.9%;将汉语文字照搬到日语的译法「民生」,只有5.5%的人选择。此调查结果与问8一致。

表 6.10 受众对"民生"的译法偏好

日语译法	人数	百分比
民生	11	5.4%
人民の生活	22	10.9%
国民の生活	168	83.2%
不好说	1	0.5%
合计	199	100%

注：有三人进行了复选，选择了 B 和 C。

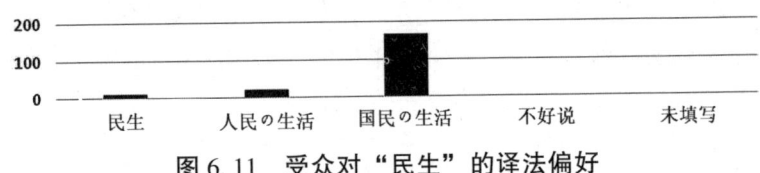

图 6.11 受众对"民生"的译法偏好

问 10、13、15（问卷一）以及 16（问卷一） 比喻的译法

问 10、问 13 以及问卷一的问 15、问 16 的设问目的均为调查日本受众是否接受保留汉语比喻的译文。以下先逐个考察调查结果，最后归纳四个提问调查结果对比喻译法的启示。

问 10 的原文为"我们通过全面深化改革，以释放市场活力对冲经济下行压力，啃了不少硬骨头"，对于"啃硬骨头"，编译局采用了保留比喻并且加以说明的译法，即「硬い骨のような難題の数々を噛み砕いて」。除此之外，笔者还设置了去掉比喻的译法选项，即「難題の数々を解決し」。调查结果如表和图所示，有近 9 成的日本受众选择了去掉比喻的译法；仅有 7% 的受众选择了保留比喻的译法。选择去掉比喻的受众给出的代表性理由如下："日语中很少使用'硬い

第六章 较大规模的受众调查分析与启示

骨のような難題'"① "'硬い骨のような'妨碍读者阅读"② "此类（严肃）文章不需要比喻"③ "去掉比喻的说法简洁易懂"④。选择保留比喻的受众理由如下："比喻能够让人产生联想"⑤ "汉语的比喻表达能让人知道困难的程度，同时也能学习汉语"⑥ "比喻表达能给读者留下深刻印象"⑦。

此外，还有2名受众认为两种译法都不妥；5名受众未明确回答。认为两种都不好的受众中，有一位给出了详细理由："A（保留比喻）的形容词搭配不自然，B（去掉比喻）未能强调出困难的程度，两种译法都不完整，我认为应该在「難題」前加上适当的形容词。"⑧

表6.11 受众对"啃硬骨头"的译法偏好

日语译法	人数	百分比
保留比喻	14	7.0%
去掉比喻	178	89.4%
都不可	2	1.0%
未填写	5	2.5%
合计	199	100%

---

① 日语原文为：「硬い骨を嚙み砕く」という表現は日本ではあまりしない。
② 日语原文为：必ずしも、硬い骨のような―を直訳して、読者の思考を阻害する必要はないと考えたため。
③ 日语原文为：このような正式で生硬な文書では、Aの「硬い骨のような」といった比喩はあまり使わないため。
④ 日语原文为：Bのほうが、簡潔で分かりやすい。Aの比喩がこの文章ではやや不自然。
⑤ 日语原文为：「～のような」からイメージができてよいと思います。
⑥ 日语原文为：中国語の表現の方が、どの様な程度の苦労なのか分かりやすく、中国語ではこの様な表現方法を使うのかと勉強になる。
⑦ 日语原文为：Aの方が、インパクトが強く、読者に強い印象を与える。
⑧ 日语原文为：Aは、形容詞としてなじまない。Bは、難題の程度が一般的となり、アクセントが足らず、どちらも訳としては不十分のため、「難題」に適当な形容詞を付けるほうが良いと思うため。

图 6.12 受众对"啃硬骨头"的译法偏好

问13的原文是"中国经济发展进入新常态，正处在爬坡过坎的关口，体制机制弊端和结构性矛盾是'拦路虎'"，这句话里有两个比喻，即"爬坡过坎"和"拦路虎"。编译局采用了保留比喻的译法，即「坂を登り峠を越える」和「行く手を阻む虎」。笔者在调查中还设置了一个去掉比喻的选项，即「非常に肝心な段階を迎え、体制・仕組み上の弊害と構造的な矛盾が障害となっている」。调查结果如表和图所示，有近8成的日本受众选择了去掉比喻的译法；有近2成的受众选择了保留比喻的译法，此外还有1.5%的受众未做出选择。

选择去掉比喻的受众理由有："简洁易懂（シンプルでわかりやすい）""A的比喻过多，令人抓不住要点（Aの例えが多すぎるため、文章の要旨がぼかけてしまう）""A从日语和日本人的角度来说，令人感到夸张过度（日本語（人）の感覚からするとAは大げさ、誇張しすぎな感じがする）""A中使用的比喻对日本人来说是不自然的表达，加大了理解的难度（Aでは比喩を入れているが、日本人にはなじみがない言葉はかえって理解を難しくする）""A使用比喻后导致句子变长，难读懂。另外，这种情况并觉得非使用比喻不可。(Aは、比喩を使った結果、文が長くなり、読みにくくなっている。また、この場面で比喩を使う必要性をそれほど感じない）""B与A句子短、简洁、容易读懂（Bは、Aに比べて文が短く、簡潔で、読みやすい）"。

选择保留比喻的受众理由是："A形象描述了情况，更容易理解。B的行文更加自然，但A不算病句，因此选择A（状況を表現しているAがよりわかりやすい、文としてBが自然であるが、Aが文として間違っているわけではないのでA)""A 更能传达原文的意味,尽管 B 的表达更加地道(趣旨はAの方が伝わる。言い回しはBが自然)"。

不过,同样是比喻,虽然选择去掉比喻的人依然占大多数,但比起问 10,选择保留比喻的人有所增加。这个原因或许是由于一些受众认为此题中的比喻比较形象、生动有趣,作为日语句子也可以接受。例如有受众指出:"A 也可,个人喜好问题"① 以及"B 比较自然,不过 A 更有趣"②。

表 6.12 受众对"爬坡过坎""拦路虎"的译法偏好

日语译法	人数	百分比
A 保留比喻	37	18.6%
B 去掉比喻	159	79.9%
未选择	3	1.5%
合计	199	100%

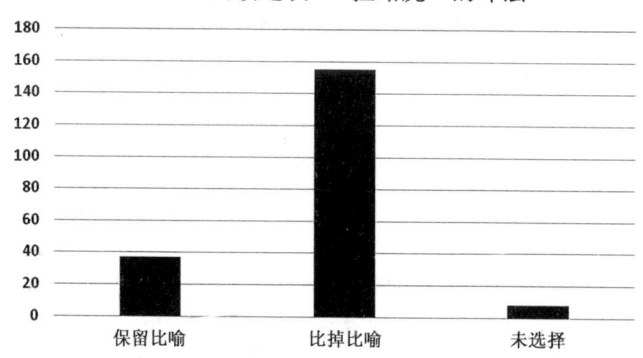

图 6.13 受众对"爬坡过坎""拦路虎"的译法偏好

---

① 日语原文为:例えがない文 B の方がややわかりやすい。ただし、A もアリで好みの問題。
② 日语原文为:B の方が自然だけど、ニュアンスとしては、A の方がおもしろい。

基于功能翻译理论的中央文献对外翻译研究
——以《政府工作报告》日译为例

问卷一的问 15 设问的原文是"完善出口退税负担机制，自 2015 年起增量部分由中央财政全额负担，让地方和企业吃上'定心丸'"，这一句出自 2015 年政府工作报告①；对于"吃定心丸"的译法，设置了两个选项，A 为去掉比喻的译法「負担を確実に軽減する」，B 为保留比喻的译法「『鎮静剤』を飲ませる」。调查结果显示，接近 96% 的受众选择 A 去掉比喻；选择保留比喻的受众仅占 2.3%。与前两问相比较，选择保留比喻译法的受众明显减少。原因在于，能够接受汉语式比喻的受众认为，从上下文的意思上来看，「鎮静剤」这一比喻词的选择不恰当，例如有受众指出："我认为使用'镇定剂'不妥。'镇定剂'是对疼痛感觉的麻醉，而不是减轻负担。可译为'用特效药'（「鎮静剤」は適切でないと思う。「鎮静剤」とは"痛い"という感覚を麻痺させるもので、負担を減らすもの無い。「特効薬」を与える）"；"'打强心剂'等说法更适合（「カンフル剤」を与える"等の方が良い）"。

值得注意的是，编译局译本在此题中不同于前两题，采用了去掉比喻的译法。另外，该比喻在 2014 年政府工作报告中也曾出现过②，当时的译法采用了保留比喻的译法，即"「鎮静剤」を飲ませた"。可见，译者也意识到了保留比喻的译法存在的问题，在第二年的译本中改进了译法。

---

① 编译局日译文为「輸出割戻し税分担の仕組みをより完全なものにし、2015 年度より増分は中央財政が全額負担することとし、地方と企業の負担を確実に軽減する」。

② 汉语原文为"针对这种情况，我们坚持实施积极的财政政策和稳健的货币政策，不采取短期刺激措施，不扩大赤字，不超发货币，而是增加有效供给，释放潜在需求，沉着应对市场短期波动，保障经济运行不滑出合理区间，让市场吃了'定心丸'，成为经济稳中向好的关键一招。"（2014 年政府工作报告）日语译文为：「こうした状況を受け、われわれは積極的な財政政策と穏健な金融政策の実施を堅持して、短期的な刺激策を採らず、赤字を増やさず、通貨を過剰に発行せず、効果的な供給を増やし、潜在的な需要を解き放ち、市場の短期的な変動に冷静に対処し、経済の動きが合理的な範囲内からすべり出さないようにして、市場に「鎮静剤」を飲ませた。」

表 6.13 受众对"镇定剂"的译法偏好

日语译法	人数	百分比
去掉比喻	164	95.9%
保留比喻	4	2.3%
未填写	3	1.8%
合计	171	100%

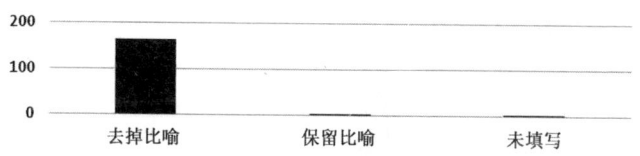

图 6.14 受众对"镇定剂"的译法偏好

问卷一的问 16 设问的原文是"雾霾天气范围扩大,环境污染矛盾突出,是大自然向粗放发展方式亮起的红灯"①,出自 2014 年政府工作报告;对其中的"亮起红灯",问卷设置了两个选项,分别为保留比喻的译法 A「粗放型発展に対して点した赤信号である」和去掉比喻的译法 B「粗放型発展に対する警告である」。调查结果显示,74.3%的受众选择了去掉比喻的译法 B;21.1%的受众选择了保留比喻的译法 A。这与前几题的调查结果保持一致。受众填写的理由也与前几题一样,选择去掉比喻译法的原因基本为"「赤信号」一词在日语中不常见""B 的译法直接易懂"等。

---

① 编译局日译文为:「スモッグの発生範囲が拡大するなど、環境汚染の問題が際立っているが、これは大自然が粗放型発展に対して点した赤信号である。」

表 6.14 受众对"大自然亮起红灯"的译法偏好

日语译法	人数	百分比
保留比喻	36	21.1%
去掉比喻	127	74.3%
都可	2	1.2%
不好说	6	3.5%
合计	171	100%

问卷1的问16:"大自然亮起红灯"的译法

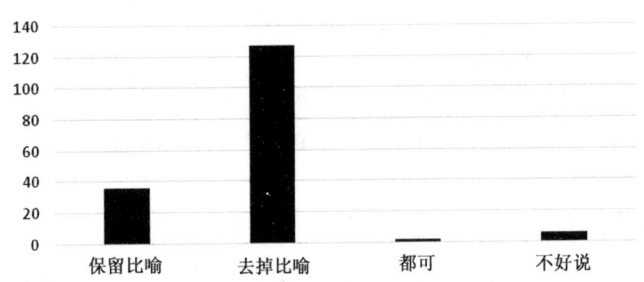

图 6.15 受众对"大自然亮起红灯"的译法偏好

问 11 "村村通""户户通"的译法

问 11 的设问目的是为了调查日本受众对于一些通常为略缩语的汉语名词译法的偏好,即偏向于借用原汉字加以注释的翻译方式,还是去掉原汉字、对汉字进行解释性翻译的方式。问 11 选择的是 2015 年政府工作报告中"推动重大文化惠民项目建设,广播电视'村村通'工程向'户户通'升级"的"村村通"与"户户通"两个表示广播电视工程项目名称的专有名词。设置的选项是保留原汉字的译法 A "「村々通(村々への普及)」プロジェクトが「戸々通(各世帯への普及)」へ"和去掉原汉字的译法 B "「ラジオ・テレビ放送普及プロジェクトは「村へ」から「各世帯へ」と深化した」"。调查结果显示,超过 8 成受众选择去掉原汉字直接翻译的译法 B,理由有:"日本中没有村々通和戸々通的说法(村々通」とか「戸々通」という言い方は日本語にないので、Aは意味がわからない)""B 术语少，容易看懂（Bは専門用語が少なく、一目で文の意味が理解できるため）""括号少，方便阅读（かっこが少なく見やすい）"。选择保留汉字原文的受众则认为，"只要不麻烦，应该附上汉语原文（作業の手間にならない限り、中国語原文を入れるべきと思う）""希望保持这样的翻译方法，以便了解每个政策在汉语中怎么说。日语和汉语中即使汉字相同，意思也不一样，同时标出两种写法非常重要。日本人容易按照对日本政策的印象去理解中国的政策，比起译文的流畅性，更应该重视准确性（個々の政策が中国語ではどのように言われているのか分かるのでこの様な表現方法は是非続けていただきたい。日本語と中国語では同じ漢字、文章でも受け取り方が違うこともあるのでこのことは重要である。日本人は日本での政策のイメージで理解してしまうので、日本語の流れの良さよりも正確性を期したほうが良い）"。

值得注意的是，选择保留汉字的 A 译法的受众均为研究人员，他们中有人明确指出：受众不同，选择也会不同："我想答案会随着人们对中国关键词解读的需求程度而改变。对于特别想详细了解中国的人来说，B 的译法也没有问题（これは中国を読み解くキーワードに対するこだわり具合で答えが違ってくるのではと思う。特に中国に詳しくなりたいとも思っていない人からするとBでもとくに問題はないと思う）。"

表 6.15 受众对"村村通""户户通"的译法偏好

日语译法	人数	百分比
保留加括弧解释	35	17.5%
去掉直接解释	164	82.0%
未填写	2	1.0%
合计	199	100%

问11 "村村通""户户通"的译法

图 6.16 受众对"村村通""户户通"的译法偏好

问 12　破折号的使用

从 2013 年开始，政府工作报告日译文中开始使用成对的破折号，多用于补充或解释说明。在前三次受众调查中，有受众指出，日语中较少使用破折号。问 12 的设问目的在于了解更多日本受众对破折号的接受情况。问 12 的原文是"新建铁路投产里程 8427 公里，高速铁路运营里程达 1.6 万公里，占世界的 60% 以上"，其日译文为"「鉄道の新規開通距離が 8427 キロとなり、高速鉄道の営業距離が 1 万 6000 キロ——世界の高速鉄道の 60% 以上に相当——に達した」"；将"占世界的 60% 以上"放入"1 万 6000 キロ（1.6 万公里）"和"に達した（达）"之间。问 12 设置了两个选项，A 为使用破折号的日译文，B 为不使用破折号的日译文。① 调查结果显示，80.4% 的受众选择不适用破折号的译文 B，只有 18.1% 的受众选择使用破折号。这个结果反映；大部分日本受众不习惯在日语中使用破折号。他们给出的理由有："论文和报告中应该少使用 A 那样的写法（論文、報告書では、Aのような書き方は避けるべきである）""A 的破折号中内容太长，难以看清前后关系（Aは——内が長く、前後関係を見失いやすい）""连续的文章更容易读懂（一連の文章のほうがわかりやすい）"。更有身为大学教授的被调查者指出，"使用破折号插入说明原本是英语的用法，在日语中用多的话造成文章难读（ダッシュで説明を入れるのは、本来英語の用法であり、日本語でこれを多用すると読みづらい）"。

根据笔者对译者的访谈，得知自 2013 年起，负责日译文的日方译者与之前非同一人，该译者因为曾经从事日英互译的工作，偏好使用破折号。这说明：（1）译文的风格根据译者的不同会发生改变；（2）译者的背景影响译文的风格，包括标点符号的使用等细节。

---

① 选项 B 为笔者在 A 的基础上加工而来："鉄道の新規開通距離が 8427 キロとなり、高速鉄道の営業距離が 1 万 6000 キロに達し、世界の高速鉄道の 60% 強を占めるようになった。"

表 6.16　受众对破折号的使用偏好

日语译法	人数	百分比
使用	36	18.1%
不使用	160	80.4%
两者皆可	1	0.5%
未填写	2	1.0%
合计	199	100%

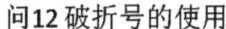

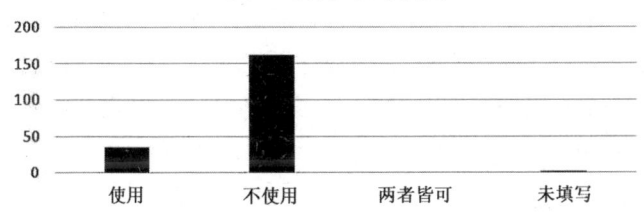

图 6.17　受众对破折号的使用偏好

问 14　短句与长句

在第一次访谈调查中，笔者曾让 8 名受访者阅读两个意思相同的日语段落，一个是长句，另一个是三个独立短句构成的段落，从中选择更容易理解的段落。结果显示，所有受访者均选择了由三个独立短句组成的段落。从该调查结果可以看出，受众更容易接受短句。但由于该次调查的对象只有 8 名，为了得到更加客观的数据，问 14 设计了判断受众对译文的句长偏好的两个选项。

问 14 的中文原文是"个人和企业要勇于创业创新，全社会要厚植创业创新文化，让人们在创造财富的过程中，更好地实现精神追求和自身价值"，出自 2015 年政府工作报告。编译局译文将之分割为三个短句，译文为"個人と企業は、果敢に起業・革新に挑む必要がある。社会全体は、起業・革新の文化を厚く育む必要がある。こうすることにより、人々が富を築くなかで、よりよく自己実現できるようにしなければならない"。笔者在调查中将其作为选项 A，并在其基础上加工了由一个长句构成的选项 B。① 本次调查结果显示，过半数的受众选择了短句，只有 36.2%的受众选择了长句。这反映出大部分受众更容易接受短句。选择短句的受众理由大体有："B 一个句子太长（Bだと一文が長くなる）""短句令人感觉容易读（一文が短いほうが読みやすく感じた）""较长的句子要切分后翻译，这是原则（長くだらだら続く文章は細かく区切って訳すのが鉄則です）"。

本次调查结果虽然以更多的调查人数、更加客观地印证了第一次访谈调查的结果，即日本受众偏好短句，然而，本次调查反映的短句与长句之间的受众偏好差别却不如第一次访谈结果明显。其原因在于笔者设计本次问卷时选择的例句不够典型，未能很好地体现长句和短句之间的差别。有多位受众指出"两个都不对，改成这样比较好（どちらも正しくない。AとBを合わせた以下の文面が良い。必要があり、社会全体は、起業・革新の文化を厚く育む必要がある）""两个都不好，A 过度切分，B 过长（どちらもいまいち。Aは切りすぎ。Bは長すぎ）"。

表 6.17　受众对短句与长句的偏好

日语译法	人数	百分比
短句	114	57.3%
长句	72	36.2%
其他	13	6.5%
合计	199	100%

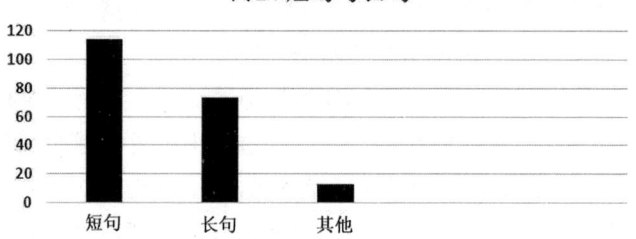

图 6.18　受众对短句与长句的偏好

---

① 选项 B 为："個人と企業は、果敢に起業・革新に挑む必要があり、社会全体は、起業・革新の文化を厚く育む必要があり、人々が富を築くなかで、よりよく自己実現できるようにしなければならない。"

第六章 较大规模的受众调查分析与启示

问卷2的问15和问16 新词的译法偏好与接受程度

如上文中所述,在"问卷一"的发放与回收过程中,笔者发现受众对于比喻译法偏好已经非常明显,为了了解中国特色新词在受众中的传播程度,因此将问卷二中第15问和第16问更换为调查新词传播情况的选择题。"问卷二"的有效调查人数为28人。

问卷2的问15为"创客"一词的译法,问16为"一带一路"一词的译法,分别设置了5个选项,即:前三个选项为该词的三种不同译法;第四个选项为"没听过,不了解(あまり聞いたことがないので、よくわからない)",第五个选项为"其他"。

问15的调查结果显示,28个调查对象中,16个受众选择"没听过",占57.1%;其次是「創客(クリエイティブ人材)」译法,占28.6%。编译局采用的「創客(メーカーズ)」译法以及第三次调查中有受众提出的「アイデア実現者」无人选择。这个结果反映,"创客"一词在日本还没有收获良好的传播效果,过半数的日本人在政府工作报告提出此词半年后依然不知道该词。

表6.18 受众对"创客"的接受及译法偏好

日语译法	人数	百分比
アイデア実現者	0	0.0%
創客(メーカーズ)	0	0.0%
創客(クリエイティブ人材)	8	28.6%
没听过	16	57.1%
其他	4	14.3%
合计	28	100%

问16的调查结果总体来说比问15的传播效果好许多。28名调查对象中,选择"没听过"的只有9人,占32.1%;说明6成多日本人对"一带一路"战略还是有所耳闻的,"一带一路"在日本取得了较好的传播效果。

在译法上,选择「海と陸のシルクロード経済圏(一带一路)構想」的人最多,有8人,占28.6%;其次是「一带一路」(現代版シルクロード構想),有7人,占25%;第三是「一带一路」(シルクロード経済ベルト、21世紀海上シルクロード），有2人。由于本题的调查人数有限，选择最多和其次的译法只相差2人，因此难以将结论一般化。

另外，尽管A选项"「一帯一路」（シルクロード経済ベルト、21世紀海上シルクロード）"的译法只有2人选择，但受众中有位对中国情况颇为了解的专家认为"A的说法在日本逐渐变得普遍起来。丝绸之路在日本一般单指陆上（日本でもAの表現で一般化してきている。日本ではシルクロードと言えば陸しか指さない）"；另一位也是对中国非常有研究的专家选择了票数第二的C"「一帯一路」（現代版シルクロード構想）"译法，他认为"这个词作为关键词流传很广，我认为C就很好。A作为日语来说难以理解。如果要强调海与陆，则可使用'「一帯一路」現代版海と陸のシルクロード'"（この言葉はキーワードとしてかなり流布されているので、Cでいいと思う。Aは日本語として分かりにくい。海と陸を強調するのなら、「一帯一路」（現代版海と陸のシルクロード）でもいいと思う）。

表6.19 受众对"一带一路"一词的接受及译法偏好

日语译法	人数	百分比
「一帯一路」（シルクロード経済ベルト、21世紀海上シルクロード）	2	7.1%
「海と陸のシルクロード経済圏（一帯一路）構想」	8	28.6%
「一帯一路」（現代版シルクロード構想）	7	25.0%
没听过	9	32.1%
其他	1	3.6%
未填写	1	3.6%
合计	28	100%

第六章 较大规模的受众调查分析与启示

问 17　反复修辞的译法

问 17 的设问目的是了解日本受众对于汉语中反复修辞法的日语译法的偏好。本题的汉语原文为"广大公务员特别是领导干部要始终把为人民谋发展增福祉作为最大责任，始终把现代化建设使命扛在肩上，始终把群众冷暖忧乐放在心头"，句中出现了三个以"始终把"开头的分句。选项设置了两个，分别为：A 保留同一反复排比词的译法"広範な公務員、とくに指導幹部は、あくまでも人民のために発展と福祉をはかることを最大の責務とし、あくまでも現代化建設の使命を双肩に担い、あくまでも人々の暮らしと気持ちを心に留めなければならない"，以及 B 将反复排比词变成三个近义词的译法"広範な公務員、とくに指導幹部は、あくまでも人民のために発展と福祉をはかることを最大の責務とし、始終現代化建設の使命を双肩に担い、最後まで人々の暮らしと気持ちを心に留めなければならない"。

问 17 的调查结果显示，超过 8 成的受众更容易接受将排比词变成三个不同的近义词的译法；只有 12.6% 的人选择了保留同一排比词的反复修辞译法。选择前者的受众的理由大体如下："日语中没有这种反复表达法（日本語にはこのような繰り返し表現はないから）""同一词语反复出现的文章不算好文章（同じ言葉を繰り返すのはうまい文章とはいえないと思う）""词语反复出现令文章难读（言葉の繰り返しは読みにくくする）"。这说明，绝大多数日本人不大容易接受同一词语在日语中反复出现，即汉语中的反复修辞法照搬入日语中难以得到大多数日本人的认同。不过，也有一成多的日本人表示认可，认为能起到强调的作用："反复使用相同词语可起到强调作用（同じ言葉を繰り返すことで、強調される）""如果是要强调的话，则反复更令人印象深刻（「あくまでも」を強調したいのであればaのように繰り返すと印象に残ります）"。

表 6.20 受众对三个"始终"排比句的译法偏好

日语译法	人数	百分比
保留反复的修辞（三个"あくまでも"）	25	12.6%
去掉反复的修辞（あくまでも、始終、最後まで）	163	81.9%
说不好	11	5.5%
合计	199	100%

问17：三个"始终"排比句的译法

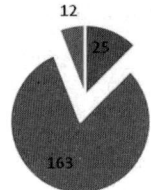

图 6.19 受众对三个"始终"排比句的译法偏好

问 18　影响受众阅读意愿的生词数量

问 18 的内容为"一句话里出现几个生词时，你会否放弃阅读"？（一つの文に、知らない単語がいくつ出てくると、読む気にならなくなると思いますか）。设问目的是调查影响受众阅读意愿的生词数量。因为在中译外的过程中，为了传播中国文化，不得已需要采用中文词照搬到外语中的译法，也有学者称之为"零翻译"译法，本题的设问目的就在于了解这类译法的使用上限。

本次调查结果显示，199 名被调查者中，有 35% 的受众认为"3 个"生词会令其失去阅读意愿；其次的回答是"2 个"，占 26.5%；第三是"4 个"，占 15.5%。也就是说，逾六成受众认为，当一句话里遇到 2 到 3 个生词时，会严重损害其继续阅读的意愿。此外，也有受众认为需要视情况而定，如果是自己特别感兴趣的内容，即便出现多个不认识的生词，也会继续阅读。

表 6.21 影响受众阅读意愿的生词数量

生词数量	人数	百分比
1 个	11	5.5%
2 个	53	26.6%
3 个	70	35.2%
4 个	31	15.6%
5 个	19	9.5%
视情况而定	9	4.5%
未回答	6	3.0%

问18：一个句子遇到几个生词会失去阅读兴趣

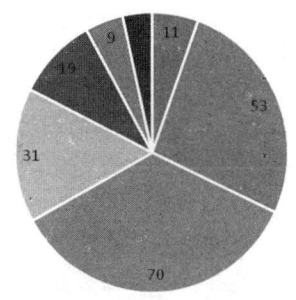

■1个 ■2个 ■3个 ■4个 ■5个 ■视情况而定 ■未回答

图 6.20 影响受众阅读意愿的生词数量

（2）问卷的附加部分：对译文的整体评价

问卷的附加部分包括 4 个选择题和 1 个问答题，有 136 名受众参与调查。问 1 到问 4 分别询问受众对 2015 年政府工作报告日译文的"理解难易度（内容の分かりやすさ）""流畅程度"（文章の流暢さ）"日语地道程度（日本語の自然さ）"和"行文易读程度（文章の読みやすさ）"。每个选择题设置五级选项，即"完全不""有些""还可以""较为""非常"五个等级。

问1"理解难易度（内容の分かりやすさ）"的调查结果显示，获得最多选择的是"还可以"，占总人数的44.9%，接近半数；其次是"容易理解"，占24.3%；第三是"有些难理解"，占21.3%。认为"还可以"以及"容易理解""非常容易理解"的日本受众占总人数的7成以上。

表6.22 受众对"理解难易度"的选择

选项	人数	百分比
完全不理解	7	5.1%
有些难理解	29	21.3%
还可以	61	44.9%
容易理解	33	24.3%
非常容易理解	6	4.4%
合计	136	100%

问1：内容是否容易理解

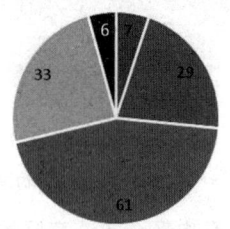

■完全不理解 ■有些难理解 ■还可以 ■容易理解 ■非常容易理解

图6.21 受众对"理解难易度"的选择

问2"流畅程度"（文章の流畅さ）的调查结果显示，认为"流畅"的受众最多，占到45.6%；其次是"一般"，占36.8%。这两项相加，已超过总人数的8成。另外还有1.5%的人认为"非常流畅"。

第六章 较大规模的受众调查分析与启示

表 6.23 受众对 "流畅程度" 的选择

选项	人数	百分比
非常糟糕	3	2.2%
有点糟糕	19	14.0%
一般	50	36.8%
流畅	62	45.6%
非常流畅（跟母语者的文章一样）	2	1.5%
合计	136	100%

问2：文章的流畅程度

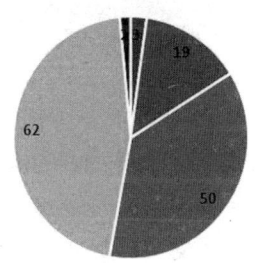

■非常糟糕 ■有点糟糕 ■一般 ■流畅 ■非常流畅（跟母语者的文章一样）

图 6.22 受众对 "流畅程度" 的选择

问 3 "日语地道程度"（日本語の自然さ）的调查结果显示，认为译文的日语 "地道" 的受众最多，占 39%；其次是 "一般"，占 31.6%；再次是 "有点不地道"，占 24.3%。认为日语地道程度为 "一般" 及以上的人占到调查总人数的 7 成以上。

表 6.24 受众对 "日语地道程度" 的选择

选项	人数	百分比
非常不地道	6	4.4%
有点不地道	33	24.3%

续表

选项	人数	百分比
一般	43	31.6%
地道	53	39.0%
非常地道	1	0.7%

问3：日语的地道程度

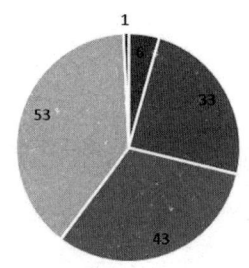

■非常不地道 ■有点不地道 ■一般 ■地道 ■非常地道

图6.23 受众对"日语地道程度"的选择

问4"文章易读程度"（文章の読みやすさ）的调查结果显示，受众选择最多的选项是"一般"，占33.1%；其次是"有点差"，占29.4%；第三是"好"，占28.7%。认为"文章易懂"程度为"一般"及以上的受众合计超过总人数的6成。

表6.25 受众对"文章易读程度"的选择

选项	人数	百分比
非常差	9	6.6%
有点差	40	29.4%
一般	45	33.1%
好	39	28.7%
非常好	3	2.2%
合计	136	100%

问4：文章是否易读

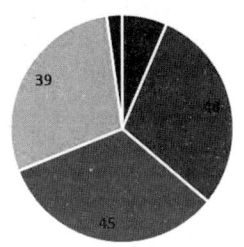

■非常差 ■有点差 ■一般 ■好 ■非常好

图 6.24　受众对"文章易读程度"的选择

以上对136名受众进行的2015年政府工作报告日译文"理解难易度"（内容の分かりやすさ）、"流畅程度"（文章の流暢さ）、"日语地道程度"（日本語の自然さ）和"文章易读程度"（文章の読みやすさ）调查显示，超过半数的受众认为该译文的容易理解程度、语言流畅程度、日语地道程度、容易读懂程度超过一般水平，如果将每道题的选项评价由低到高赋值为1—5分，即"非常差"为1分，逐项递增，"非常好"为5分，在excel中对四问的最终结果进行加总平均，得到的分值为3.07分，高于3分（"一般"）。该结果虽然总体评价水平略低于前三次定性调查，但结果与倾向基本一致，2015年日译文受到绝大部分受众较高评价。

问5　其他意见，建议。

问5为开放式设问，请受众自由填写对政府工作报告日译文的意见与建议。笔者将其中比较有代表性的受众意见根据受众的身份以及建议内容分类归纳如下。

第一，来自非常了解中国情况的日本专家的意见。表6.25选择了4位本次调查中具有代表性的日本专家的意见。四位专家的背景分别为：驻华记者、公务员、大学教授、研究者；四人均因工作关系多年阅读政府工作报告，对中文有一定程度的了解。他们了解政府工作报告翻译工作的背景与翻译时间等局限性，认为比起译文语言的精湛程度，译文内容的"准确度"才是最为重要的。因其政府公文性质，译者应避免对译文进行擅自阐释、省略等。对于新词新语，应谨慎选词，保留汉语原文，并用括弧加注的翻译方式是最为保险的。他们对现译文的评价是最高的，认为译文的日语逐年变得容易理解与容易阅读了。同时，他们也提醒，像政府工作报告这类政府公文的翻译，如果一味追求译文的容易理解程度，可能造成意料之外的后果，例如让日本人误以为是日本的公文等。他们认为，政府公文的内容有时候因原文作者的需要，故意留有一些含糊其辞、不让人完全看懂之处，这时，译者也不必追求让译文完全令人看懂。此外，他们建议，应根据受众群体不同而采用不同的翻译策略；与全译本同时出简约本，以便让受众更轻松地抓住要点，对自己感兴趣的部分则仔细阅读全译本。

表6.26 四位日本专业型受众的代表性意见原文

	意见原文
专家1	政府活動報告の翻訳は、非常に限られた時間に、しかも機密保持のため少人数で行わなくてはならないため、最初からじっくり考えて作るような名訳を期待することはできません。正確であることが一番大切です。日本語で読む際にいくらか「くどさ」があったり、ある程度の「わかりにくさ」を伴うのはやむを得ないと思います。販売を目的とした書籍を翻訳する場合は、わかりやすさと取っ付きの良さが致命的な条件になるため、少しでも読みやすいように、少しでも読者を引き付けるように、いかにテンポがいい文章に作り替えるかが問われます。しかし、政府活動報告のような公的文章の翻訳には、翻訳者個人の勝手な意訳や省略、簡略は絶対避けた方がよいと思います。 　　また、新しく登場する中国語の言葉については、政府活動報告の日本語訳が、その後、定訳として使われる可能性があり、慎重にきめるべきです。中国語の文字そのものを残して（ ）の注釈や説明をつけた方が無難であることも多々あり得るのです。強く希望するのは、読みやすさよりも、正確さであり、文学的な名訳を求める必要はないという事。むしろ、限られた時間でいかに原文の中国語を正確に翻訳するかに力を注ぐべきだろうと思います。

第六章　较大规模的受众调查分析与启示

续表

	意见原文
专家2	過去のものに比べて言葉に固さがなく読みやすくなっているので、皆さんの努力には敬意を表する。日本の政治家、ビジネスマン等は長い文章を読まないので、本文と共にポイントを挙げた要約版をセットにされたら良いと思う。本文を読まないで要約版で重要と思ったところを本文で確認することが多い。 　　中国政府文書の翻訳文は、以前は、堅苦しい文章が多く読むのが苦痛でしたが、随分と洗練されてきたと思います。ただ、一つ、美しい一般的な日本語表現を追求されると、つい、平板な中身のはっきりしない文章になる危険があると思いました。日本語的表現だと、日本人の頭の中にある知っている政策の一般のイメージでしか文章を読まないということにも注意してください。
专家3	ひらがなの使い方で気になるところがままあります。漢字にしたほうが良いところ、また口語調の単語で幼稚な表現も散見されます。カタカナ語は、名詞は仕方ないにしても（日本語で定訳があればそれを使うのは当然）、動詞や形容詞はすべて日本語（漢字・かな）にしたほうが良いでしょう。そもそも中国語のこの手の文書は、かなりくどい言葉の使い回しがありますから、そのまま訳すと「省略の文化」の日本語としてはどうしても冗長的になります。総理の「報告」であるから、格調には留意したほうが良いでしょう。日中双方は政治・経済・社会など各体制が全く異なりますから、簡単に一対一の訳語で表現することはかなり困難が伴います。 　　また、政府系文書に関わらず文書には必ず「不確かなところ」「曖昧にしておいたほうが良いところ」などがたくさんあります。受け手側の立場で訳するよりも、発信側の意図を忖度して訳すのが必要ですから、たとえ受け手が誤解しても、理解ができなくてもそれはそれで良いのではないかと思います。
专家4	中国語独特の比喩や表現を自然な日本語に意訳しており、日本語ネイティブを意識して読みやすい。他方で、読者をどの対象にするかによって、表現の違いがある。例えば一般市民を対象とした場合は必要に応じて政治経済の専門用語に関する簡便な解説が必要な部分もある。専門家を対象とした場合は、専門用語を日本語に置き換えるだけでなく、日本語訳の後にカッコ書きで中国語の原文用語をそのまま記載した方が良い部分もある。

第二，关于汉字词上标送假名以及行间距。部分受众认为，部分汉字词不需要上标外来语的片假名；如果上标送假名的话，行间距应予以调整，更便于受众阅读。①

第三，关于段落和句子长短。多数受众认为，一个段落太长会影响阅读；一个句子太长也影响阅读；然而，也有不少受众指出，虽然句子应该尽量短一些，以方便读者阅读；但是如果句子太短，也会令读者觉得不像文章，影响阅读体验。②

第四，关于文体。有受众指出，文中不时出现面向在场听众的「みなさん」（"各位代表！"）呼吁，然而全文却使用文章体「である体」，显得全文文体风格不统一，同时该受众也体谅可能是由于礼貌体「です、ます体」会加大文章长度。还有受众认为，文中偶见口语化表达，与全文正式公文的风格不符。③

---

① 日语原文为：「ルビ（読み仮名）をつけると行間が空くので、マウスの右クリック、段落、行間（固定値）間隔（〇〇ポイント）をそろえることをお勧めします」、「送り仮名をつける場合、行間を空けないほうがきれいかと思いました」。

② 日语原文为：「翻訳をする場合は、同じような分野の文章を数多く読み込むことで自然な文になりますよ。1つの文章は短く句読点がついているので読みやすい文章かと思います」；「段落をもっと空けて、余白を作った方が読みやすい。文字が詰まりすぎている。一文が短くすぐに切れるので、文章というよりも箇条書きをずっと読んでいる感じになる。もう少し一文を長くすることで文章らしくなり、読み手に伝わりやすくなるのでは」；「文が短いのはいいが、短すぎても読みにくい」；「政府や党の公式文章は1つのセンテンスが大変長いので、いくつかの節に分けた方が理解しやすいことがある」。

③ 日语原文为：気になったのは、「みなさん」と呼びかけているのに文章全体が「だ、である体」であることです。直接聴衆に話しかけているように著すのでしたら、「です、ます体」の方がふさわしいのですが、長くなりすぎますよね」；"「どんどん（3頁など）」、「がんばって（9頁）」は公式的な文章では使わない方がよい。それぞれ、「一層」あるいは「益々」・「努力して」"；"「代表のみなさん」というような話し言葉的な表現が入っているが、全体としては文語調という違和感がある。代表の皆さんというような話し言葉風の表現を入れるのであれば、全体をですます調にして、もう少し話し言葉風にしてもいいのではと思う。逆に文語調で統一するのであれば、代表の皆さんといった呼びかけは、省いていいのではと思う。

第六章 较大规模的受众调查分析与启示

第五,关于受众较难理解的内容举例以及受众提出的解决方法。(1) 受众认为,译文整体容易阅读,是佳译,然而偶见一些日语中很少见的表达方式,显得语言不够地道。例如,「飲用水安全問題」「お力添えしてくださった」建议分别修改为「飲用水の安全に関する問題」「ご協力いただいた」。此外,「改革開放にさらなる突破があった」中的「突破があった」「県級市」「万人強」「経済の下押した圧力」「全面的深化」等在日语中不常见。(2) 汉语的比喻如果要翻译到日语中,使用日语常用的比喻会更利于日本人看懂;一些表达日语中虽然有,但在现代日语中很少使用,建议改成现代日语中常用的表达,例如:「堅塁」「征途につく」等。(3) 惯用语和比喻方式需要注意,如「坂を登り峠を越える」不利于日本人理解。(4) 外来语的使用需要注意,例如「サイバースペースの発展」虽然在日语中有,但不常用,不如改成「インターネット上の空間」。此外,片假名单词不利于受众理解。(5) 建议站在读者的立场进行翻译,而不是仅仅翻译字面意思。(6) 有数位受众认为可能是原文的问题造成译文难以理解。例如原文使用许多类似口号性的表达,缺乏具体的数据,因此即使翻译成日语,内容依然很抽象,不具体,对于偏好论述具体化、有理有据、追求数据支撑风格的日本人来说,难以理解。许多概念虽然翻译为日语,但与日语中的该概念差异较大,也令日本人觉得费解。例如有受众认为中国的"法治"概念与日本不同。(7) 标点符号的使用,有数位受众认为,标点符号"、"使用过多。(8) 建议多加入连词,便于受众掌握句与句间的逻辑关系,更方便受众理解。

第六,关于译文注解。受众认为有的注解过长,影响阅读,建议改成更加简洁明了的注释;建议改变注释的方式,例如将文字改为图解等;注解添加的位置建议统一放到文后更利于读者阅读。①

---

① 日语原文为:"説明や長々と続いてうんざりしてくる。簡潔明瞭、箇条書きの方が理解しやすいはずである。文章を持って説明するより可視化したほうが効果が大きい";"各補足がその言葉直後にあったため、文章がごちゃごちゃしているように見えた。一文章の最後に補足だけまとめてのせてもらえるとよいと思いました"。

表 6.27　关于受众较难理解的内容举例以及解决方法提议的原文

1	一、どの国も例え話、或いは比喩の表現は上手くいくととても判り好いのですが、どの国にも比喩はその国独特のものがあり、その点、漢字である程度は理解できるものの、日本人に訴えかける比喩はまた、中国語と違ったものをお使いになった方がすんなり日本人には理解できると思います。二、現代日本でだんだん使われなくなってきた用語、例えば、「堅塁」「征途につく」などなどの表現は、もう少し口語に寄った方が受け入れ易いと思います。例えば「坂を登り峠を越える」などの表現は如何にも社会主義的で勇ましい表現ですが、日本語にすると意味が分かりにくくなります。
2	まず、あまり使われない外来語への翻訳の多用は避けるべきである。例えば、「サイバースペースの発展」に関していえば、意味的にはわかるものの、それほど多用される言葉ではない。むしろ、「インターネット上の空間」と言い換える方がわかりやすいのではないか。次の、この文章は論文のような「書き言葉」の文章であるにも関わらず、口語体が混用されている。例えば、「追及して、処罰する」は、論文調の場合、「追及し、処罰する」のように連用中止形を用いる。また、一般の人がわからないと容易に予想できる単語についても、ほぼ注釈がなく、中国語をただ翻訳しただけの内容になっている。これでは、たとえ、日本語そのものが通じたとしても、決して、文章で述べたい考え、意見、概念は十分に伝わらない。少々の文法的な問題よりも、そもそもきちんと「読み手の立場」に立って、考えているのか、単に翻訳者の自己満足になっていないのか、常に問い直すべきである。私自身も翻訳に携わる一人として、自戒も込めて述べておく。
3	接続詞をもっと多くしたら読みやすくなると思う。所々日本では使わない表現（熟語や主語と動詞の結びつきなど）が目立った。そのほかは読みやすかった。

续表

4	日本語を読みやすいですが、時々、日本語であまり使われていない言葉（例えば、万人強、とか経済の下押した圧力、全面的深化など）の意味が捕らえにくかったです。また、中国の地名などで日本の漢字であまり使われていない場合（例えば、滬港通など）は、どう読んだらよいかもわからないので、場所も特定です。気になったとしても、そのまま読みすごすしかないと思いました。
5	カタカナ表記をすることで、かえって、わかりづらく、なっているのではないか。
6	日本語では、主語と述語の間に長い挿入句がはいることが多く、読みづらいだけでなく、作者も論理的に書けていない可能性があります。1文は3行を越えないように、1段落は5~8行を目安に、主語の次には必ず「、」を入れることで主語がどれかをはっきりさせる必要があります。読みやすい日本語とするには、「テン（、）」をどこで打つかが重要な意味を持っています。文章の書き方の著者の多くは、テンをどこで打つかについての哲学ないしポリシーを持っています。そういう人の文章は、主語・術語の対応をつかむことが容易であり、結果として読みやすいという印象を与えます。これについては、本多勝一『日本語の作文技術』が有益です
7	原文の中国語は、政治的な文書であり、「スローガン的な表現」、「ねばならないといった観念論」が多い。原文にその根拠となる数字的な裏付けが乏しいので翻訳はかなり難しいと思う。また述べられている「法治」の概念が、日本とはかなり異なる意味・概念で使われており、こうしたことがさらにわかりにくくさせている

第七，希望译文更通俗易懂。部分受众认为，现在的译文过于书面化，不利于普通日本人阅读，建议遣词造句上能够更加通俗、口语化一些。译文中使用的汉语词较多，令受众觉得译文的风格比较生硬

基于功能翻译理论的中央文献对外翻译研究
——以《政府工作报告》日译为例

难读。原文的内容很难，建议将难以理解的内容用更浅显易懂的语言总结出来，以方便普通日本人的理解与接受。内容比较抽象因此难懂，建议译文采用中学生也能读懂的行文风格。①

第八，对译文表示赞叹。认为跟其他版本的译文相比，这个版本的日语非常容易读。通过阅读译文，学到了很多。译文整体上来说很容易理解。引用古文的翻译非常准确，令人惊叹。②

第九，其他。有个别受众通过阅读译文，认为该文章原文显然是面向中国共产党的党员所写的，从相反的角度来看文章的话，能够读出中国的现状，该受众认为可以理解为什么政府报告的行文风格是如今这样的③。

第四节　调查结果的定量分析

本调查问卷的第一大题中包含了四个受调查者背景信息的小问，分别为年龄、职业、学历与中文程度。第二部分分四个小题调查了受

---

① 日语原文为："中文を日文に翻訳する際、日本にもある漢語をそのまま漢語としてそのまま使用することはあると思います。確かに硬い文章のときには漢語が多く含まれるという特徴があります"；"ネイティブ向けにはもう少し砕けた言い方にした方がいいと思います"；"日本語の言い回しではない。中国語の言い回しに近い"；"難しい内容なので仕方ないが、難しい内容を簡単な分かりやすい言葉でまとめるとより一般の人にも分かり易く理解しやすいと思いました"；"抽象的で難語が多いと読みにくくなる。中学生でもわかる文にしたほうがよい"；"全体として中国語からの直訳の感じがあり、読みやすい文章とは言い難い"。

② 日语原文为："他の訳文と比し読みやすい日本語だと感じました"；"勉強になりました"；"全体的にわかりやすかったので、驚いています"；"「国を立つる道は、ただ民を富ますにあるのみ」等、古語まで正確に表現している点には驚いた"。

③ 日语原文为："明らかに中国共産党同士に向けての文章。裏から読むと現状が透けて見える。政府報告はこのような文章しかかけないことも理解できる。"

众对日译文的评价,即"内容易理解度""文章的流畅程度""日语地道程度""文章易读程度"。第二部分共有 136 个有效回答。本部分希望通过定量分析方法,运用 SPSS 软件进行相关性分析,寻找受众的年龄、职业、学历与中文程度等变量与受众对日译文的评价这一变量之间是否存在有意的相关关系。

(一)"年龄"与"评价"的相关性

"年龄"调查题共设 A 至 G 一共 7 个选项,分别对应 10—19 岁、20—29 岁……70 岁以上等 7 个年龄段。输入 SPSS 软件时分别赋值为 1、2……7 分。受众对日译文的评价由四题组成,每题五个选项,分别由低到高赋值 1、2……5 分,四题加总后取平均值,最高分为 5 分,即(评价)非常好;最低分为 1 分,即(评价)非常低。

笔者将两个变量的 136 个数据输入 SPSS 软件,进行皮尔森相关系数分析后,得到如下表所示结果,显示两者之间不存在显著的相关关系。也就是说,本次调查中受众的年龄高低与其对日译文的评价之间并无显著相关关系。

表 6.28　受众"年龄"与"评价"之间的相关性

变量名		评价	年龄
评价	皮尔森相关系数	1	0.01
	显著度水平		0.908
	N	136	136
年龄	皮尔森相关系数	0.01	1
	显著度水平	0.908	
	N	136	136

(二)"职业"与"评价"的相关性

"职业"调查题共设有 A 至 D 四个选项,分别对应记者、学者、学生、其他。基于专业型和普通型受众的分类,笔者将"记者"与

"学者",以及"其他"中的"研究者"这三类人群归入"专业型受众",赋值为2;将"学生"与"其他"中非研究人员归入"普通型受众",赋值为1。对日译文的评价赋值同上文所述。

将两个变量的136个数据输入SPSS软件,进行皮尔森相关系数分析后,得到如下表所示结果,皮尔森相关系数为0.266,显示两者之间存在显著的正相关关系。也就是说,本次调查中受众的职业与其对日译文的评价之间存在相关且成正比,"专业型受众"对日译文评价较高;"普通型受众"则对日译文评价相对较低。

表6.29 受众"职业"与"评价"之间的相关性

变量名		评价	职业
评价	皮尔森相关系数	1	.266**
	显著度水平		0.002
	N	136	136
职业	皮尔森相关系数	.266**	1
	显著度水平	0.002	
	N	136	136
**相关系数的显著性检验值小于0.01。			

(三)"学历"与"评价"的相关性

"学历"调查题共设有A至D四个选项,分别对应高中、大学、研究生、其他。笔者设"高中"与"其他"中的专科学校赋值为1,"大学"赋值为2,"研究生"赋值为3。对日译文的评价赋值同上文。

笔者将两个变量的136个数据输入SPSS软件,进行皮尔森相关系数分析后,得到如下表所示结果,显示两者之间不存在显著的相关关系。也就是说,本次调查中的受众的学历高低与其对日译文的评价之间并无显著相关关系。

表 6.30 受众"学历"与"评价"之间的相关性

变量名		评价	学历
评价	皮尔森相关系数	1	.162
	显著度水平		.060
	N	136	136
学历	皮尔森相关系数	.162	1
	显著度水平	.060	
	N	136	136

(四)"中文程度"与"评价"的相关性

关于受调查者"中文程度"的调查题共设有 A 至 E 五个选项,分别对应"一点不会""会一点""一般""比较好""精通(母语水平)"五个水平,赋值为 1 至 5。对日译文的评价赋值同 6.4.1。

将两个变量的 136 个数据输入 SPSS 软件,进行皮尔森相关系数分析后,得到如下表所示结果,皮尔森相关系数为 0.270,显示两者之间存在显著的正相关关系。也就是说,本次调查中受众的中文程度与其对日译文的评价之间存在相关且成正比,中文程度越高的受众,其对日译文评价较高;中文程度越低,其对日译文评价相对越低。

表 6.31 受众"中文程度"与"评价"之间的相关性

变量名		评价	中文程度
评价	皮尔森相关系数	1	.270**
	显著度水平		.001
	N	136	136
中文程度	皮尔森相关系数	.270**	1
	显著度水平	.001	
	N	136	136
**相关系数的显著性检验值小于 0.01。			

综上所述，通过 SPSS 软件逐一对受众年龄、职业、学历与中文程度等变量与受众对日译文评价这一变量之间进行皮尔森相关系数分析之后发现，本次调查结果显示，受众的职业与中文程度与其对日译文的评价之间存在显著的正相关关系，即越是专业型受众以及中文程度高的受众，对日译文评价越高。而受众的年龄与学历则与其对日译文的评价之间无显著相关关系。

（五）调查结果的启示

上述部分介绍了笔者于 2015 年 10 月至 12 月进行的日本受众问卷调查结果并进行了分析。可以发现，三次小规模调查的结果在本次大规模调查中基本得到了验证。通过分析大规模调查结果，以下将回答设计问卷时提出的五个问题。

第一，了解受众对政府工作报告日译文的总体评价。

通过问卷的第二部分前四个问题，即 2015 年政府工作报告日译文 "理解难易度（内容の分かりやすさ）" "流畅程度"（文章の流暢さ）"日语地道程度（日本語の自然さ）" 和 "行文易读程度（文章の読みやすさ）" 的 5 级量化选择题的调查结果显示：137 名受众中，超过半数的受众认为该译文的容易理解程度、语言流畅程度、日语地道程度、行文容易读懂程度均超过一般水平。也就是说，受众对政府工作报告日译文的总体评价较高，虽然本次调查的总体评价水平略低于前三次定性调查，但最终结果基本一致。

第二，了解政府工作报告及日译文在日本受众中的认知度。定性调查结果显示，政府工作报告及其日译文目前在日本受众中的知名度较低。

参与本次调查的 199 人之中，在本次调查之前读过《政府工作报告》的有 23 人，占 11.6%；听说过，但没有读过的有 41 人，占 20.6%；没有听说过的占总人数的 6 成多，说明《政府工作报告》在日本的知名度不高，大部分普通日本人并不知道《政府工作报告》。这个结果与定性调查的结果一致。同时也反映，包括政府工作报告在内的中央文献在海外的影响力与知名度还有很大的提高空间。

第三，受众类型是否影响其对译文的评价。如前文所述，笔者假设专业型受众与普通型受众因对中国了解程度不同,对译文的评价会有差异,即专业型受众比起普通型受众对译文的理解程度高,评价也会高于后者。

本次调查中发现,受教育程度高、中文程度高、从事研究工作的受众对译文的评价较高。这说明,越是专业型受众,即对中国国情比较熟悉了解的受众,对该译文的评价越高。相反,越是欠缺相关背景知识的普通型受众,越倾向于认为译文的内容较难理解,行文较难读懂。专业型受众认为现在的译文已经非常容易读懂,而普通型受众认为译文应该更加接近通俗日语,令中学生也能看懂的程度。也就是说,受众的类型确实影响对译文的评价。

同时,这也可以解释为什么前三次小规模受众调查中受众评价高于本次大规模调查,即前三次小规模调查的受众中专业型占比显著高于本次大规模调查。

第四,了解日本受众阅读政府工作报告的目的。根据功能翻译理论,译者需同时对翻译发起人、原文作者以及受众忠诚。因此,受众阅读译文的目的对译者的翻译策略具有较高的参考价值。

本次调查中有 23 名受众在接受调查之前已阅读过政府工作报告,问 3 的设问意在了解这些受众的阅读目的与需求。该问结果显示,受众的阅读目的按照选择人数多少依次为:研究、个人兴趣爱好、商业目的及其他。也就是说,受众的阅读目的主要是研究、个人兴趣以及商业目的。

第五,了解大部分受众对某些具体翻译技巧的偏好,解答译者的关切点,为解决翻译实践过程中的一些实际问题提供参照。笔者在与译者访谈的过程中,了解到译者比较关心的问题点:1. 受众是否接受对某些关键词汇采用汉字上标外来语的译法;2. 对中国特色浓厚的词汇加译者的说明或注释时,文中加括号说明的方式与脚注的方式,哪种利于受众接受;3. 受众是否接受将中国式修辞(如比喻、拟人、排比)搬入日语的译法;4. 部分中文新词关键词("创客""一带一路")在日本的接受程度。以下依据调查结果,逐项对上述 4 个问题进行考察。

1. 受众是否接受对某些关键词汇采用汉字上标外来语的译法。

问5、问6的调查结果发现,接受汉字词上标外来语的说法的受众不如比直接使用汉字词或者直接使用外来语的译法的受众人数多。越是专业型受众,越容易接受汉字上标外来语的译法,而普通型受众则显示了不容易接受的倾向。

2. 对中国特色浓厚的词汇加译者的说明或注释时,文中加括号说明的方式与脚注的方式,哪种利于受众接受。

问7的调查结果显示,超过8成的受众认为较长的注释加到文后或脚注中更利于受众阅读与接受。问卷第二部分的第5问中,也有不少受众主动对此提出了建议。

3. 受众是否接受将中国式修辞(如比喻、拟人、排比)搬入日语的译法。

本次调查结果显示,超过半数的受众表示,中国式修辞照搬入日语的译法给他们在理解上造成了障碍,还不如省略更能理解句子的意思。问卷第二部分的第5问中,也有受众就此提出建议,认为应该把比喻等修辞用日语中常用的表达形式译出。

4. 部分中文新词关键词("创客""一带一路")在日本的接受程度。

问卷2的问15和16对新词的接受程度进行了调查,发现28名受调查者中,有6成以上没有听说过"创客";"一带一路"的接受程度高一些,但也有超过3人明确表示没有听说过。这反映中国的新词与关键词在日本的传播效果还不大理想,需要进一步地宣传。

第五节　基于功能翻译理论的受众反馈译例探讨

本节结合功能翻译理论,结合第五章以及本章所述四次受众调查发现的典型译例进行分析,探讨对外翻译的策略。在我们明确政府工作报告的翻译目的是由翻译发起人所决定的,可以理解为"做好外宣工作""传播好中国声音"之后,曼塔里的"翻译行为论"以及诺德的"功能加忠诚"启示都可以概括到目的、连贯、忠实三原则里面,

第六章 较大规模的受众调查分析与启示

因此本节主要从文本类型、目的三原则两个角度探讨政府工作报告的对外翻译策略。

（一）文本类型

如前文所分析，按照《政府工作报告》的主要功能，应将其划归为信息型文本。赖斯指出，信息型文本在翻译时应侧重内容，应当采用简朴的语言，做到简单明了，没有冗余，不必拘泥于体现原文作者的个人风格。而对待表情型文本则应当采用仿效法，忠实于原作，在确保信息准确的基础上反映出原文的艺术形式和审美特点。

以下例1到例3是受众反映较为集中的、译文不自然，日语中没有这种说法的例子。

例1. 原文：我们通过全面深化改革，以释放市场活力对冲经济下行压力，啃了不少硬骨头，经济、政治、文化、社会、生态文明等体制改革全面推进。（2015年政府工作报告）

译文：われわれは改革の全面的深化の中で、市場の活力を解き放って経済の下押し圧力を軽減し、硬い骨のような難題の数々を嚙み砕いて、経済・政治・文化・社会・エコ文明などの体制改革を全面的に推進した。

例2. 原文：中国经济发展进入新常态，正处在爬坡过坎的关口（2015年政府工作报告）

译文：わが国の経済発展は新常態（ニューノーマル）に入り、「坂を登り峠を越える」べき重要な段階を迎え

例3. 原文：推动重大文化惠民项目建设，广播电视"村村通"工程向"户户通"升级。（2015年政府工作报告）

译文：大型文化利民プロジェクトが推し進められ、ラジオ・テレビ放送の「村々通（村々への普及）」プロジェクトが「戸々通（各世帯への普及）」へと深化した。

这三个例子的共同点是，译文都非常忠实于原文的形式和风格，例1与例2原文中"啃硬骨头"和"爬坡过坎"的比喻保留并直译为日语，例3将"村村通"和"户户通"视为专有名词保留，并加括弧注释。这种译法是表情型文本的典型译法，但不适合信息型文本。

它没有做到信息型文本译文时简明的白话文、没有冗余的要求，反而加重了受众的阅读负担，分散了受众对原文信息内容的注意力，还令受众觉得译文不够自然。当然，例1和例2中的比喻十分生动形象，例3中的"村村通"是相关项目的名称，是专有名词，保留下来能起到提示译文受众注意该专有名词的作用。然而，这些都是有关原文风格的细枝末节，去掉不仅不损害原文的内容，而且能令译文更加简明，利于受众抓住原文的主要意思。

由于翻译政府工作报告采取集体合作翻译的方式，译者之间的翻译策略有所不同，同一译者在不同时期对同一类句子也可能采用不同翻译方法。例4和例5是适合信息型文本的译文例子。

例4. 原文：重建后的汶川、玉树、舟曲等灾区发生了<u>翻天覆地的变化</u>。（2013年政府工作报告）

译文：汶川・玉樹・舟曲などの被災地は復旧作業により<u>見違えるように大きく変貌した</u>。

例5. 原文：各级政府要一如既往关心支持国防和军队建设，<u>密切鱼水情谊</u>（2014年政府工作报告）

译文：各級政府は、これまで通り国防と軍隊の建設を重視して支援し、<u>関係を密接なものにして</u>（略）

例4和例5没有拘泥于"翻天覆地""鱼水情谊"的生动形象的比喻风格，舍弃形式，注重传达内容，没有引起受众的特别注意，侧面反映了该译文是符合日语规范的。

（二）目的论三原则

弗米尔的目的三原则包括目的、连贯与忠实三个原则。在三大原则中，目的原则是最高原则，如果目的原则要求原文与译文的功能不同，那么忠实原则就不再使用。假如目的原则需要译文不符合语内连贯，连贯原则就不适用。忠实原则从属于连贯原则，但两者都必须服从目的原则。

目的原则是指译者根据翻译目的和功能采取相应的翻译策略。如前文所述，政府工作报告的翻译目的是"做好外宣工作"以及"传播好中国声音"。一切翻译策略均应基于这一目的出发，应服从于这一

第六章 较大规模的受众调查分析与启示

目的。例6是一个没有达到该目的的例子。

例6. 原文：众多"创客"脱颖而出，文化创意产业蓬勃发展。（2015年政府工作报告）

译文：多くの「創客（クリエイティブ人材）」が頭角を現し、文化クリエイティブ産業が大いに発達した。

例6原文中的"创客"译自英文单词"Maker"，源于美国麻省理工学院微观装配实验室的实验课题。此课题以创新为理念，以客户为中心，以个人设计、个人制造为核心内容，参与实验课题的学生即"创客"，此处特指具有创新理念、自主创业的人。而译文「創客」令许多受众误以为是开拓客源「客を創る」的意思。而「創客」上面所标假名则引起了更加严重的误解，几乎所有受众同时指出，「ハッカー」在日语中指的是利用网络实施犯罪的人。该词意同汉语中的"黑客"。这个译法显然没有达到翻译目的。

连贯原则又称为"语内连贯"原则，要求由译者产生的信息（目标文本）必须能够用于目标接受者情景相连贯的方式解释。译者应尽可能地考虑目标受众的文化背景和社会背景，使译文最大程度上实现语义连贯，具有可读性和可接受性，从而成功地交流信息。

例7. 原文：加强雾霾治理，淘汰黄标车和老旧车指标超额完成。

译文：スモッグ対策を強化し、黄標車（排ガス基準をクリアしていないことを示す黄色いラベルが貼られている車）や旧型車の目標廃棄台数を超過達成した。

例8. 原文：京津冀协同发展、长江经济带建设取得重要进展。

译文：京津冀（北京市・天津市・河北省）地区の協同発展、長江経済ベルトの建設が重要な進展をとげた。

例7和例8中，译者采用了"借词+加注"译法，受到了多数受众好评。多位受众反映，刚看到译文时，并不理解"黄标车"和"京津冀"是什么意思，读了括弧中的解释后马上就明白了。由于作为目的语受众的日本人并不具备与源语受众相同的背景知识，采用加注的翻译方法，说明译者在翻译时充分考虑了译文受众的认知因素与需求，译文具有可读性和可接受性，因此受到受众好评。

忠实原则又称为"语际连贯"原则，强调译语文本与源语文本之间的对应关系，在某种意义上类似于译文对原文的忠实。例6不仅没有达到目的原则，也违背了忠实原则。例7和例8则在实现目的、连贯原则的同时，也实现了忠实原则。

例9. 原文：发挥好政府投资"四两拨千斤"的带动作用（2014年政府报告）

译文：政府の投資に「誘い水」としての役割を十分に発揮させる

例9. 中的"四两拨千斤"字面意指太极拳技击术是一种含高度功力技巧，不以拙力胜人的功夫，在此处意为发挥杠杆撬动作用，以小投入获得大成果；翻译为「誘い水」（《大辞林》第3版：ある事のきっかけとなること），恰到好处地实现了译语与源语之间的对应关系，达到了忠实原则。

（三）基于功能翻译理论的翻译对策

通过上述讨论，可以发现，功能翻译理论能够有效地指导政府工作报告的翻译工作。在文本类型上，政府工作报告翻译应侧重以简明的语言翻译内容，不拘泥于风格的细枝末节。在目的三原则指导下，译者应将"传播好中国声音"的目的放在首位；在实现目的原则的前提下，考虑到受众的文化与社会背景，使译文最大程度上实现可读性和可理解性；同时，根据诺德的"功能加忠诚"论，还应实现译语文本与源语文本之间的对应关系。笔者以2013年至2015年三年间政府工作报告日译本为分析对象，结合三年间所做的四次受众调查的结果与发现，重点从文本类型学、目的三原则的角度探讨了政府工作报告译文中的成功或失败的译例，认为政府工作报告等中央文献的对外翻译应以功能翻译理论为指导，同时提出以下三点对策。

第一，译者应根据文本的主要功能，对该文本所述类型做出清晰判断，并且采取相应的翻译方法。例如，本文的研究对象政府工作报告主要功能是传达内容与信息，应划归为信息型文本。翻译时应侧重内容，不必拘泥于体现原文风格的细枝末节。受众反馈结果也表明，拘泥于体现原文风格细节的译法不利于实现翻译目的。

第二，译者不可擅自决定翻译目的，应在忠诚于翻译发起者和译文受众的前提下，确定翻译目的。翻译应时刻将实现翻译目的放在首位，从而决定具体的翻译方法与策略。在实现翻译目的的前提下，应考虑到受众的文化与社会背景，实现译文与受众情景之间的连贯，同时还应实现译语文本与源语文本之间的对应关系。

第三，为了满足译文受众的需要，译者可以在取得翻译发起人认可的前提下对原文进行改写。功能翻译理论认为，译者应关心译文受众的需要，曼塔里和弗米尔均认为，原文只是为目标受众提供了部分或全部信息的源泉，为了满足译文受众的需要，译者可以对原文进行改写。结合诺德的"功能加忠诚"论，笔者认为，为了更好地达到中央文献对外翻译的目的，译者可以而且应当在取得翻译发起人认可的前提下，为了达到更好地对外宣传效果，针对译文受众的需求进行摘译、编译、改写。

第七章 基于"功能加忠诚"原则考察 2016 年《政府工作报告》日译

笔者有幸于 2016 年 1 月底至 3 月初全程参与 2016 年国务院政府工作报告中译日工作。本章结合笔者作为译者之一参与翻译实践的亲身体验,基于德国功能翻译学派第二代学者诺德的"功能加忠诚"理论,对译者的 2016 年国务院政府工作报告的翻译行为进行考察与评价。

第一节 翻译背景介绍

2016 年 1 月底笔者借调至中央编译局文献部日文处,参加两会文件的中译日工作。日文处一共负责翻译三个两会文件,分别为国务院《政府工作报告》《关于 2015 年国民经济和社会发展计划执行情况与 2016 年国民经济和社会发展计划草案的报告》以及《关于 2015 年中央和地方预算执行情况与 2016 年中央和地方预算草案的报告》。翻译团队一共有 10 名译者,其中汉语母语译者 8 名,日语母语译者(日本专家)2 名。在初译阶段,10 名译者共同分担,分别翻译 3 个报告的一部分;初译完成后,10 名译者分成三个小组,分别负责 3 个报告的审校、核稿与定稿工作。其中,《政府工作报告》的翻译工作人员投入最多,包括 4 名译者,由日文处处长牵头负责,该负责人同时也是译文的最终定稿人;其余 3 名译者包括 1 名日本专家,2 名汉语母语译者(笔者为其中一员)。

2016 年《政府工作报告》中译日工作的具体时间为 2016 年 1 月底至 3 月初两会召开前夕。翻译流程包括研究原文、答疑、初译、核稿、外国专家改稿、中外专家讨论、专有名词统一、译文格式统一、通读、最后定稿、校对等十几道工序。在翻译字数上，尽管3月16日由新华社获两会授权发布的官方文本只有二万余字，但由于其间原文有改稿，因此译者实际翻译的字数超过2万字。

以下对原文的改稿情况做简要介绍。政府工作报告中文原文的起草启动于前一年中央经济工作会议结束以后，总共历时三到四个月，以2016年为例，1月22号李克强总理主持第五次国务院全体会议审议报告，形成《征求意见稿》，发到全国党政军群148个单位征求意见。同时，总理还要召开民主党派、无党派人士、工商联等座谈会，吸收不同部门的意见、建议，不断完善该报告，再正式提交给全国人大会议去审议。①

关于《征求意见稿》到人大会议提交审议稿期间的修改过程，《图解〈政府工作报告〉2016》有详细披露："1月下旬，《政府工作报告（征求意见稿）》发往各省（市、区）和中央国家机关有关部门、单位征求意见。李克强总理先后3次主持召开座谈会，听取各界人士对《政府工作报告》的意见和建议。起草组发出《政府工作报告》征求意见稿约4000份，各方面提出的意见约1000条，经过整理尽可能吸收到《政府工作报告》中。国务院研究室还会同国家外国专家局召开座谈会，邀请来自美国、英国、日本、新加坡等7个国家，包括2名诺贝尔奖得主在内的13名外国专家为《政府工作报告》建言献策。……中国政府网等还发起'我向总理说句话'活动，截至3月1日共收集6万余条留言，经筛选整理出近600条意见转交给起草组，其中包括来自国际网友的20多条建议。起草组对各方面的建议意见逐条研究，最大限度地吸纳到《政府工作报告》中。"②

《政府工作报告》的中译日工作自1月底启动，此时译者拿到的中文原文即《征求意见稿》。在译者进行初译、审校、核稿的过程中，2月上旬至中旬收到起草组根据"全国党政军群148个单位"反馈的意见进行修改之后的修改稿；这与初译时使用的《征求意见稿》内容

---

① "政府工作报告诞生记：总理亲自主持起草 历经四次审议"，中国网2016年3月5日，URL：http://www.china.com.cn/lianghui/news/2016-03/05/content_37944730.htm。

② 图解《政府工作报告》编写组：《图解〈政府工作报告〉2016》，北京：中国言实出版社2016年版，第116页。

上有不少变动。2月中下旬，根据民主党派、无党派人士、工商联等座谈会上收到的意见以及其他部门乃至网友的意见、建议后，还将做出修改。这些修改都需要译者重新查资料、理解、重新翻译，增加了译者的工作量。

第二节 《政府工作报告》对外翻译任务的特点

政府工作报告原文虽然只有二万字左右，但其内容高度精炼，涉及各个部门、各行各业，术语多，需要译者具有广阔的背景知识或查询能力。稍有不慎，就可能出现误解与误译。试举 2016 年报告中的几例对比进行说明。

（一）背景知识要求高

《政府工作报告》原文虽然只有二万余字，但其内容高度精练，涉及国家治理的方方面面，尤其是关系国民经济与社会的内容部分专业术语非常多，需要译者具备强大的信息查询能力与广阔的背景知识。稍有不慎，就可能出现误解与误译。

《政府工作报告》原文具有高度概括性，其内容高度浓缩、语言极其精练，有时候短短一句话就概括了一个行业的情况或者一项政策的主要内容。全文涉及全国大大小小各个部门、各个行业的情况，范围十分宽广。许多内容如不了解相关背景知识，很难读懂原文。如：

例1："加快财税体制改革。合理确定增值税中央和地方分享比例。把适合作为地方收入的税种下划给地方，在税政管理权限方面给地方适当放权……进一步压缩中央专项转移支付规模，今年一般性转移支付规模增长 12.2%。"

例1中，"下划""税政管理""放权"等词的意思，如果是不具备相关财政知识背景的普通中国人，即便受过高等教育，恐怕也很难读懂。这一段话里有三句话，句与句间的逻辑关系也需要具备相应的背景知识才能读懂。"中央专项转移支付"和"一般性转移支付"分别指什么？为什么要压缩前者、扩大后者？不了解相关背景知识的话，仅凭这段话提供的上下文，很难达到准确理解。

（二）术语多

除了例1中出现的"中央专项转移支付"这类一看就知道是专业术语的词语之外，原文中还存在许多乍看像是普通词语的术语，必须结合上下文小心查证，搞懂该词语到底是什么意思，再下手翻译，如果仅凭想当然的理解而缺乏查证的话，很可能造成误译。如：

例2："支持分享经济发展，提高资源利用效率，让更多人参与进来、富裕起来。"

例2中的"分享经济"，初译时被理解为动宾结果，即"分享经济发展（的）成果"。单从该句结构来看，这种理解似乎并无不妥。然而结合上下文语境来看，该句出现在"大众创业、万众创新""互联网+"之后，是发挥双创与"互联网+"乘数效应的一项举措。在这样的语境下，将"分享经济"理解成一个普通的动宾短语词组，似乎不妥。借助百度等搜索引擎检索后，很容易就能查到该词原来是关于互联网商业的术语。

根据《新华日报》2015年11月16日刊登的文章《"分享经济"，分享什么》（作者宋晓华），该词的由来、定义和使用例如下：

"在五中全会公报和'十三五'规划建议中，'分享经济'首次被提出。作为互联网下的'新经济新商业'形态，'分享经济'正在改变传统的经济模式。'分享经济'是指资源所有者将自己闲置的资源拿出来，供那些需要的人有偿使用。这是在互联网技术发展的大背景下诞生的一种全新商业模式。'分享经济'，这一饱含着尝鲜因子的商业模式在逆袭和改变着传统消费观念。在国外，具有代表的分享经济模式是Uber和Airbnb，前者提供出行车辆服务，后者提供旅游租房服务。……在国内，分享经济的主要代表有提供出行服务的滴滴快的和神舟租车，提供旅游短租服务的木鸟短租等。"

通过查询，可以确定"分享经济"一词为名词性术语。关于其日语译法，由于是新词，尚未被相关汉日词典收录，这种情况下，可以通过网络找到该词的英语名"Sharing Economy"，接着在日本的搜索引擎上输入该英文单词，便可以查到该词在日语中的对应说法，即

"シェアリングエコノミー"或者"共有（型）経済"。日本总务省发布的《2015年信息通信白皮书》专门有一节论述"分享经济"的概念、市场规模与案例分析，该白皮书中使用的是"シェアリングエコノミー"，加之日本经济新闻等媒体也多采用此词，从术语的权威性、易于受众理解程度等角度综合判断之后，2016年政府工作报告的日译本采用了"シェアリングエコノミー"这一译法。

（三）遣词造句高度浓缩

句子凝练，省略成分多，易产生误解。由于政府工作报告原文篇幅有限，有时候只能以一句话描述一个行业或一项政策，因此遣词造句必须高度概括。如果译者只看字面而不去查证该语句的具体所指，则很可能产生错误理解，如果照着字面译成日语之后，就可能令受众看不明白，达不到正确传递信息的目的。例如：

例3："推进综合行政执法改革，实施企业信用信息统一归集、依法公示、联合惩戒、社会监督。"

例3的句子结构非常容易看清，包括两个分句，每个分句都由一个动词加名词性宾语构成，无论是动词还是名词，并没有特别新、特别难的词，似乎翻译上没有难度。初译时，译者照着汉语字面意思翻译如下：

"総合的な行政の法執行の改革を推進し、企業の信用情報について一元化した集約、法律に基づく開示、合同した罰則、社会による監督を実施する。"

日本专家在校对时，对该句表示疑惑，指出该句在语法层面虽然无大问题，但是读后令人不知所云。造成这一问题的原因就在于原句部分成分的省略，对于"信息"可以进行"归集"和"公示"，但是"惩戒"和"监督"的对象显然不应该是"信息"，这种省略对于了解相关背景知识的中国受众来说，不会造成太多困扰，但考虑省略后翻译成日语，就会令不具备相应背景知识的日本受众感到不知所云了。

经过仔细查询相关背景，彻底理解该句的意思之后，考虑到大部分日本受众不了解中国的综合行政执法改革是什么这个前提，改译如下：

"総合的な行政の法執行の改革を推進し、各部門・司法機関・

第七章　基于"功能加忠诚"原则考察2016年《政府工作报告》日译

社会組織に散在していた企業の信用情報を一つのデータベースに集約して法律に基づいて公開し、各行政機関・部門が連携して不良信用記録のある企業に対して制限・制裁し、企業の行為や行政機関の制裁行為が全社会から監督を受ける。"

该译文中将"统一归集到哪儿""谁联合起来惩戒谁""社会监督谁"等信息进行了补足，这样一来，即便是完全不了解中国情况的普通日本人，也能够理解该句描述的措施，有效避免"读完后不知所云"的受众体验。

第三节　基于诺德"功能加忠诚"理论的考察

（一）诺德的"功能加忠诚"理论

关于诺德的"功能加忠诚"翻译理论，本书第二章已做较为详细的介绍，在此仅做简要回顾。

诺德是德国功能翻译学派的第二代代表人物，她深受老师赖斯提出的"文本类型学"的影响，赞赏曼塔里的"翻译行为论"，信服弗米尔提出的"目的论"，在这三位第一代代表人物的思想基础上，提出了自己的理论，将"忠诚"原则引入功能主义模式，提出了"功能加忠诚"的翻译理论模式，希望以此解决目的至上的激进功能主义的问题。

诺德所说的功能是与第一代代表人物的思想一脉相承的，即译文在译入语的环境中按照预定方式运作的因素，指的是"翻译的总体原则必须是目的语文本的既定目的，而非源语的既定功能，决定了所采用的翻译方法和策略"（诺德2013：4）。翻译总是为了某一目标语文本情景及其决定因素（接受者、接受的时间和地点等）而进行的，在该情景中目标语文本须完成一定功能，该功能可以并且必须提前确定。

忠诚指的是译者、原文作者、译文接受者及翻译发起者之间的人际关系。忠诚原则认为译者应同时对原文信息发送者（或发起者）与

基于功能翻译理论的中央文献对外翻译研究
——以《政府工作报告》日译为例

目标读者负责,增加了译者与客户之间对翻译任务的商议。另外,由于目标语文本接受者要获取目标语文本的功能,所以译者还必须在一定程度上对接受者忠诚。

功能是翻译最为重要的标准,但不是唯一的标准。源语文本和目标语文本之间必须存在某种关系,该关系的质和量由翻译目的确定。同时,这种关系可以为翻译策略提供决策依据,即:源语文本哪些成分需要保留,哪些成分可以或者必须加以改写(选择性改写和强制性改写)以适应目标语文本情景。译者单方面对源语文本和目标语文本情景负责,同时也要对源语文本发送者和目标语文本接受者负责。该责任就是诺德所说的"忠诚","忠诚是人与人之间参与交际过程时不可缺少的道德原则"(诺德2013:26-27)。

(二)从"功能"原则进行考察

如第二章中所述,功能翻译学派认为,翻译的"功能"(目的)居于翻译过程中一切确定因素之上;而对于翻译的"功能"由谁决定的问题,赖斯和弗米尔认为,翻译目的由译者决定,诺德则认为,翻译目的由发起人决定。诺德认为,"原则上,目标语文本的目的要受到发起者的约束,而不能由译者自行理解。毕竟,最终判断译文是否符合需要的是发起者"。

政府工作报告中译日的发起人为中央,其发起目的如本书第三章中所分析,是"对外宣传",即向全世界宣传中国化马克思主义理论成果和中国社会主义理论体系,展示中国共产党的新形象、路线、方针和政策,宣传中国社会主义建设取得的伟大成就;"着力打造融通中外的新概念新范畴新表述,讲好中国故事,传播好中国声音"。

在2016年政府工作报告的翻译过程中,译者们均认识到翻译目的是为了"做好外宣工作""传播好中国声音",一方面追求译文的准确性,以达到正确对外宣传的目的;另一方面,为了传播好中国声音,必须让受众看明白,能够接受。虽然2016年报告日译本对日传播的效果还有待深入调查与研判,但是,从本章选题的译者角度来看,2016年政府工作报告的日译是符合"功能"原则的。

第七章 基于"功能加忠诚"原则考察 2016 年《政府工作报告》日译

(三) 从"忠诚"原则进行考察

根据忠诚原则,译者应同时对翻译发起者和接受者负责(忠诚),因为翻译目的不是由译者自己决定,而是由发起者决定的。另一方面,译者还应对接受者(受众)负责,在政府工作报告翻译中,可以体现在忠实传达原文意思、利于受众理解与接受上。以下分别从发起者、原文作者以及受众的角度考察译者在 2016 年政府工作报告翻译过程中是否符合"忠诚"原则。

(1)翻译发起人

政府工作报告对日翻译的发起人是中央,是中国最高领导机构,它并非个人,而是一个集体,但同时也拥有一个特定代表,即总书记,体现集体决策后的一致意志。

如上所述,发起人的翻译目的是"对外宣传""着力打造融通中外的新概念新范畴新表述,讲好中国故事,传播好中国声音"。

在 2016 年政府工作报告的日译过程中,译者在翻译时把"讲政治"放在第一位,把"讲好中国故事、传播好中国声音"作为翻译的指导原则,这些均体现出译者对翻译发起者的忠诚。

(2)原文作者

2016 年政府工作报告是以李克强总理为代表和定稿人、国务院研究室的工作人员为主,由发改委、财政部、央行等主要部门抽调一些人,组成 3 至 40 人的政府工作报告起草组。

译者对原文作者的忠诚一方面体现在如例 1—例 3 所显示的追求译文如实传达原文真正想要表达的意义上,还体现在翻译过程中的一个工序——"答疑"环节上。

每年两会文件翻译的流程中都包括"答疑"的环节,即译者可以将原文中不明白的问题点通过书面方式交给起草组,起草组将对问题一一进行书面解答。

2016 年政府工作报告翻译过程中,译者与起草组之间也有多次提问与答疑的互动。以下仅列举两例。

例 4:(原文)"加大农村基础设施建设力度,新建改建农村公路 20 万公里,具备条件的乡镇和建制村要加快通硬化路、通客车。"

该句中的"建制村"在初译时翻译为"編制村（行政村）"，这个译法的优点是便于日本受众理解，但缺点是没有保留原文，令专业型受众了解不到原文，同时加入了注释，增加了受众的阅读负担。

通过上下文语境判断与网络查询，此处的"建制村"可能指的就是"行政村"的意思，那么可否直接译为"行政村"呢？译者将此问题书面咨询起草组，得到了肯定的答复。于是2016年译本中将"建制村"译为"行政村"。

例5：（原文）"启动实施《中国制造2025》，设立国家新兴产业创业投资引导基金、中小企业发展基金，扩大国家自主创新示范区。"

该句中的"扩大国家自主创新示范区"乍一看很容易想到"扩大示范区规模"，然而结合上下文和背景知识，译者感觉更大的可能性是指增加示范区的数量。通过网络查询未能获得明确答案，于是译者向起草组书面咨询该句中的"扩大"是指增加示范区数量，还是扩大示范区的规模？起草组对此明确回答为"增加示范区数量"。

在起草组明确回答的前提下，2016年译文中将"扩大国家自主创新示范区"译为"国家自主イノベーションモデル区を増やした"。

以上例4和例5中，译者将翻译过程中的不确定问题向原文作者——起草组进行咨询，按照起草组的回复，决定最终译文。这充分体现了译者对原文作者的忠诚。

（3）受众

2016年政府工作报告的日译过程从以下四个方面体现了译者对受众的忠诚。

首先，译者团队中有日本专家把语言关。

如前文所介绍，2016年政府工作报告日译的译者团队中，有一名日语母语的日本专家专门负责站在日本受众的角度审视译文，把好译文的语言关和文化关。

事实上，中央编译局文献部的每一个语言处都常年聘请以该外语为母语的外国专家，他们的主要工作就是从外国受众的角度来给译文把语言和文化关。这一制度的存在，本身就说明译者意识到了译文受众与原文受众不同，翻译中要做到令译文受众容易读懂与接受，即译者对受众的忠诚。

第七章 基于"功能加忠诚"原则考察 2016 年《政府工作报告》日译

其次,译者以让普通型受众看懂为目标,采取相应翻译方法。

2016 年政府工作报告定稿人认为,2016 报告译文的受众是记者以及阅读记者报道的普通日本人,因此他在翻译时的一条重要原则就是,要尽量让普通日本人也能看懂。以下例 6 到例 8 的修改与定稿过程,充分体现了"让普通日本人也能看懂"的翻译原则。

例6:(原文)"深化农村集体产权、农垦、集体林权、国有林场、农田水利、供销社等改革。"

该句中"供销社"译为"供銷合作社(農村で農業生産財・消費財の販売と農産物・副業産物の買い上げを行う商業機構)",即采用了原文加注释的翻译方法。笔者曾提出,该译法解释过多,会造成读者阅读负担,是否可以去掉解释,直接译为"供銷合作社",该词并非近年出现的新词,对中国有一定了解的日本人都应该知道。假如受众是不了解中国的日本人,那么是否可以译为"供銷合作社(農業協力組合)",找一个日本受众熟悉的事物做解释,更利于普通日本人理解。

然而,笔者的提议未受到采纳。原因有两点,第一,要让普通型受众也看懂,必须加解释;第二,严格说来,中国的"供销合作社"与日本的"農業協力組合"在概念上有部分重合,然而两者并非完全对应的关系,中国的"供销合作社"所指范畴远远大于日本的"農業協力組合"。

例7.(原文)"扶贫脱贫是硬任务,各级政府已经立下军令状,一定要保质保量完成。"

该句中的"硬任务""立军令状"两个词都使用了比喻的修辞手法,假如按照字面、保留比喻地去翻译,就可能译成"硬い任務""軍令を発する",前者并非地道的日语,后者意思与原文不符,会令受众感到不知所云。在充分考虑了日本受众的认知之后,该句话从(初译)"貧困脱却扶助は必ず成し遂げる任務であり、各級政府がすでに「軍令」を発し、量と質を確保して任務を完遂しなければならない"修改为(改译)"貧困脱却扶助はぜひとも成し遂げなればならない任務であり、各級政府がすでに、「責任保証書」に署名した以上、量と質の確保を前提に任務を完遂しなければならない";最后确定为"貧困救済・貧困脱却は至上命令である。各級政府は「軍令誓約書」を交わした以上、決められた期限・質・量を守って完遂しなければならない"。

"硬任务"经历了从"必ず成し遂げる任務",到"成し遂げなればならない任務",最后定稿为"至上命令"的改变,采用了去掉比喻的译法,日语地道程度以及与原文意思贴合程度逐次增加,更加利于受众理解。

"立军令状"经历了从"「軍令」を発し"的比喻译法,到去掉比喻、传达意义的"「責任保証書」に署名し",最后定稿为既保留了比喻,又保持了地道的日语风格,还让日本受众能看明白的"「軍令誓約書」を交わした以上"。①

例8.（原文）"我们将营造更加公平、更为透明、更可预期的投资环境,中国要始终成为富有吸引力的外商投资热土。"

该句中的"热土"最初被译为"ホットスポット",是一个让日本受众看得别扭的表达。最后译为"魅力的な投資先",让受众很轻松读懂译文的意思。该句定稿为"われわれはより公平・透明・予測可能な投資環境を整え、中国を終始外国資本の魅力的な投資先にしなければならない"。

第三,译者从格式上进行如下调整:排版、加解释、计量单位换算。

为了让日本受众获得更好的阅读体验,译者从格式方面也做了各种调整。例如,译文在印刷时排版从竖版转变为横版。中央编译局的日文译本长期以来都采用竖排的形式,竖排是日本书籍报刊多采用的形式,然而竖排要求数字不能使用阿拉伯数字,而是要用汉字数字,汉字数字每一位都占一个全角格,近年来政府工作报告中数据越来越多,其中不乏多位数字,如果还沿袭传统继续使用竖排,就会在版面上给受众增添不必要的阅读负担。定稿人本着让日本受众更容易看懂的原则,经过多次向上级申请,将排版方式从竖排改成了横排。

再如,为了让文化背景、知识储备与原文受众和译者迥异的日本普通型受众读懂译文,定稿人在翻译过程中对许多需要中国的背景知

---

① 此处对定稿译法的评价为笔者与部分日本受众的意见。对此译法,也有意见认为日语中不存在"「軍令誓約書」を交わす"的说法,因此对此译文是否适宜,还需进行深入探讨。

第七章 基于"功能加忠诚"原则考察 2016 年《政府工作报告》日译

识的词,都在文中或明或暗地加入了解释。

中日两国的计量单位存在一些不同,比如"亩"就是典型的中国的土地测量单位,普通日本人很少知道。为了让普通日本受众容易看懂,原文中出现的"亩"均换算为日本人常用的土地测量单位"ヘクタール"(公顷),此外,为了提高受众阅读体验,比如"2000 万亩"这样换算成公顷后除不尽、小数点后有很多位的情况下,译文会采取去掉小数点后数字取整数,并在数值前加上"约"(大约)的译法,如"2000 万亩"译为"約 133 万ヘクタール"。

最后,译者花费大量时间与精力,力求译文准确。

在翻译过程中,为了确定一个词的译法,译者们可能花费半天时间上网查找各种背景资料,以求准确理解其意。

例 9.(原文)"提高棚改货币化安置比例。"

该句中的"货币化安置"一词经过在网上仔细查询阅读相关背景资料,掌握其意义、用法、相关政策内容之后,译为"バラック地区の再開発における金銭の補償による住宅買い上げの割合を高める",追求译文的准确,既是对发起人和原文作者的忠诚,同时也是对日本受众的忠诚体现。

此外,在 2016 年政府工作报告中引用了一句古语"简除烦苛,禁察非法",经过查询后得知该句出自《资治通鉴》。为获得最佳译法,译者还特意前往内部图书馆的书库,寻找《资治通鉴》的日文版。有译者戏称,"90%的时间用在解决 10%的问题上,剩下 10%的时间解决了 90%的问题"。仔细想想的确如此,90%的比较容易理解、容易准确翻译的内容,其翻译只占用了译者 10%的时间,而译者为了追求译文的准确性,往往会花多倍于前者的时间,去查找、掌握该语句的真正所指、相关背景等。

译者花费大量时间与精力,力求译文准确这一点,既体现了译者对受众的忠实,同时也是对译者发起人和原文作者忠诚的体现。

第四节 小结

综上所述,通过考察,可以认为,译者在 2016 年政府工作报告的日译过程中的翻译行为符合"功能加忠诚"的翻译原则。从功能角度看,译者以"传播好中国声音"为己任,讲政治,力求正确传达原文;从忠诚角度看,译者在翻译过程中充分体现了对翻译发起人、原文作者以及译文受众的忠诚。

同时,2016年政府工作报告的日译过程在以下方面还有待进一步探讨。

第一,译者个体差异。政府工作报告是集体翻译,每个译者个体的认知能力、知识储备的结构、观点、翻译从业年限与能力等方面必然存在差别。在时间充裕的条件下,审校和定稿工序可以纠正大部分译者个体差异,但如果时间非常紧迫,以致不能充分进行审校和定稿工序的情况下,译者的个体差异可能会对译文风格统一造成较大影响。

第二,时间、查询条件等翻译的客观条件较为严苛。如前文所述,政府工作报告的翻译过程中,原文数次改稿,需要重新翻译部分内容,这除了给译者带来精神上的压力之外,更造成翻译时间紧张。此外,由于政府工作报告等两会文件属于涉密文件,译者半封闭管理,每个语言处只有一台电脑可以上网查找资料;每个译者需要签署保密协议,在两会召开之前不得对任何人透露看到的文件内容。因此,译者在翻译过程中既不能充分利用网络资源,也不能与外部专家交流请教,查询条件受到很大的限制。

第三,译者在《政府工作报告》对日翻译过程中的权限有限。如第五章与第六章所述,根据笔者对日本受众所做的调查发现,政府工作报告日译文在日本的影响力有限,读过的人所占比例很小;同时,尽管专业型受众对该日译文的翻译质量评价很高,但普通型受众因缺乏相关背景知识,不少人认为内容太难,而且太长。如果要"传播好中国声音",就要扩大译文在译文受众中的影响力,相比较目前的全译本,诸如摘译、图解简略本等方式显然更加有利,然而,在未获得翻译发起人授权的前提下,译者不敢也不能擅自采取行动。

第八章 《政府工作报告》文体风格的变化与传播方式创新

第八章 《政府工作报告》文体风格的变化与传播方式创新

本章先分析国务院《政府工作报告》的性质、功能以及制定过程，其次考察《政府国内工作报告》对内传播发生的变化，即原文的文体特征变化及受众反应：使用语料库统计字数、词频、句长的方法考察2009—2017年政府工作报告原文的文体特征的变化，通过新闻报道、购书网站读者评价等分析原文受众对文体特征变化的反应；接下来考察对外翻译与传播发生的变化以及受众反应；最后综合对内对外传播的变化以及内外受众的反应，提出对今后对外传播工作的建议。

第一节 《政府工作报告》的性质与功能

每年3月初召开的两会上，国务院总理代表国务院向全国人大报告政府工作，这是一个法定程序和规定动作。《政府工作报告》为什么要由全国人民代表大会审议通过呢？这是由《宪法》规定的。《宪法》第二条规定："中华人民共和国的一切权力属于人民。人民行使国家权力的机关是全国人民代表大会和地方各级人民代表大会。"第三条规定："全国人民代表大会和地方各级人民代表大会都由民主选举产生，对人民负责，受人民监督。国家行政机关、审判机关、检察机关都由人民代表大会产生，对它负责，受它监督。"第五十七条规定："中华人民共和国全国人民代表大会是最高国家权力机关。"第八十五条规定："中华人民共和国国务院，即中央人民政府，是最高国家权力机关的执行机关，是最高国家行政机关。"第九十二条规定：

"国务院对全国人民代表大会负责并报告工作；在全国人民代表大会闭会期间，对全国人民代表大会常务委员会负责并报告工作。"① 也就是说，人民作为国家的主人，行使权力的机关是人民代表大会；国务院是由全国人民代表大会任命的、代替其执行国家权力的机关，要对全国大人负责；国务院每年做了哪些工作，第二年计划做哪些工作，都需要向国家的主人——全国人民代表大会汇报，并获得批准。

可见，中国的政府工作报告不仅体现过去一年中国政府各项工作的成果，同时也明确了新一年政府的改革方略及各项发展指标，描绘出中国政府工作的发展蓝图。

第二节 《政府工作报告》的制订、文本特征与历年变化

（一）制订过程（以 2016 年为例）

制订《政府工作报告》历来有着规定程序，在起草过程中，共有四次大的会议审议，以及数次小座谈会。如前面第七章所述，根据政府工作报告起草组成员、国务院研究室有关人员以及《图解〈政府工作报告〉2016》的介绍，2016 年《政府工作报告》的制订过程如下。

首先，以国务院研究室的工作人员为主，由发改委、财政部、央行等主要部门抽调一些人，组成 3 至 40 人的政府工作报告起草组。2016 年的政府工作报告起草工作启动于 2015 年中央经济工作会议结束以后，总共历时 3 到 4 个月。

其次，起草过程中，共有四次大的会议审议，以及数次小座谈会：1 月 6 日，李克强总理召开 118 次常务会议专门审议报告初稿；初稿通过以后进行修改，在 1 月 14 日中央政治局常委会上，习近平总书记主持讨论修改报告；原则通过以后，吸收大家意见，1 月 22 号

---

① 《中华人民共和国宪法》，URL：http://news.xinhuanet.com/ziliao/2004-09/16/content_ 1990063_ 2.htm, 2016 年 4 月 10 日访问。

第八章 《政府工作报告》文体风格的变化与传播方式创新

李克强总理主持第五次国务院全体会议审议报告,形成《征求意见稿》,《征求意见稿》发到全国党政军群148个单位(2016年)征求意见。1月21日,习近平总书记主持中央政治局会议讨论送审稿并原则通过。同时,李克强总理先后3次主持召开座谈会,听取各界人士对《政府工作报告》的意见和建议。起草组发出《政府工作报告》征求意见稿约4000份,各方面提出的意见约1000条,经过整理尽可能吸收到《政府工作报告》中。国务院研究室还会同国家外国专家局召开座谈会,邀请来自美国、英国、日本、新加坡等7个国家,包括2名诺贝尔奖得主在内的13名外国专家为《政府工作报告》建言献策。

除了上述会议与座谈会之外,中国政府网等还发起"我向总理说句话"活动,截至3月1日共收集6万余条留言,经筛选整理出近600条意见转交给起草组,其中包括来自国际网友的20多条建议。起草组对各方面的建议意见逐条研究,最大限度地吸纳到《政府工作报告》中,最终形成在人大会议上提交代表审议的报告文本。

(二)从语料库统计看《政府工作报告》文体历年变化

本节中,笔者使用语料库统计工具对2009年至2017年的政府工作报告进行字、词、句长方面的统计与分析。

所使用的语料库工具为中国语言文字网的"语料库在线",由国家语言文字工作委员会主办,教育部语言文字应用研究所承办,网址为http://www.cncorpus.org/CpsTongji.aspx。

该工具可对10万字以内的汉语语料进行词的切分与标记、字频统计、词频统计等。笔者逐年输入政府工作报告原文后,初步统计结果如下。

表 8.1 2009—2017 年《政府工作报告》原文字频、词频、句长对比

年份	2009	2010	2011	2012	2013	2014	2015	2016	2017
型符数（总字符数）	19992	20396	20611	19016	16277	18376	18639	20888	19248
字频统计（不含标点）字数	1146	1160	1140	1137	1015	1235	1231	1260	1237
词频统计（含标点）词数	2366	2414	2346	2273	1998	2488	2590	2751	2685
。频次	560	557	525	503	308	494	498	585	554
，频次	666	705	753	683	631	742	825	824	771
平均句长（字符数除以句号频次）	35.7	36.6	39.3	37.8	52.8	37.1	37.4	35.7	34.7

数据来源：笔者使用"语料库在线"等制作。

第一，最近 9 年的《政府工作报告》总字符数变化不大，基本在 2 万字符左右；只有 2013 年略少，仅为 1.6 万余字符。这一方面反映了《报告》制订的规范性，另一方面也反映了宣读时间的限制，即国务院总理需要在人大开幕式上的 2 个小时内通读全文。

第二，从每年报告使用的汉字数量来看，2009—2013 年每年报告字使用汉字数量总体多于 2014—2017 年。前者所使用汉字数量均在 1100 字左右；2010 年最多，为 1160 字；2013 年报告由于总字数少，所使用汉字数量也略少，仅有 1015 字。而后者使用汉字数量均超过 1200 字。

第八章 《政府工作报告》文体风格的变化与传播方式创新

第三,从每年报告使用的词汇①数量上来看,也是2014—2017年间每年的报告所使用词汇数量总体多于2009—2013年。前者所使用词汇数量最多2414字,最少1998字;而后者所使用词汇数量最少为2488字,最多达到2751字,比前者之中最多的年份还要高出300多。

报告所使用的汉字数量以及词汇数量可以反映出词汇的丰富度,所使用汉字数量和词汇数量越多,表示用词更加富于变化。以每年报告的总字符数除以词数,可以用来观察词汇丰富程度。将2009—2013年间报告的字符数加总,除以词汇加总,得到平均数为8.45,这意味着,每8.45个字符才出现一个新词汇;2014—2017年间的报告平均数为7.34,意味着每7.34个字符就会出现一个新词汇。可见,2014—2017年间报告的词汇使用更加多样化。

第四,平均句长可以用来判断文章的行文风格。人们一般认为,短句比长句容易读懂。政府公文的文体风格中有一个为人所诟病的现象,即一逗到底,一句成段的长句多,影响阅读体验。句号的出现频次代表了该报告的句子数量,逗号的出现频次代表该报告的分句数量。从表中可以看出,无论是句子还是分句数量,2009—2013年间的报告都要明显超过2014—2017年间的报告。文章的平均句长可以通过字符数除以句号出现频次求得,每年的报告平均句长有所变化,2009—2013年间,只有2009年与2010年报告略短于2014年和2015年的报告。以加总平均句长来看,2009—2013年间的5年报告平均句长为47.0字,而2014—2017年间的4年报告平均句长为36.2字,也就是说,后者平均每句话的句长要比前者少10.8字。

由上述分析可见,通过语料库工具对字频、词频、句长等可量化因素进行的定量考察,2009—2013年间政府工作报告原文的写作风格与2014—2017年间的报告风格相比较,可以发现明显的不同。用字、用词的丰富度上,后者的丰富程度高于前者;平均句长上,后者的每

---

① 此处"词汇"定义遵循"语料库在线"的切分标准,需要注意两点:(1)它将标点符号和"是""与"等虚词也视为独立"词汇"进行统计;(2)它采用最小划分标准,将大部分词切分为单词或双字词,例如,"新经济"会被切分为"新"和"经济";"国家治理"被切分为"国家"和治理。不过,也有部分三字、四字词,如"社会主义""农民工""社会保障"等。

句话要平均比前者少 10 个字以上。这些数据可以反映出,政府工作报告的行文风格正在逐年朝着用词更加多样化、句子更加简短的方向发生变化。

(三) 2016 年《政府工作报告》的文体特点与受众反应

上一节使用语料库工具从词频、句长等指标量化考察了最近 9 年的《政府工作报告》文体风格的变化,初步得出结论:报告行文风格正在朝着用词多样化、句子简短的方向发展。本节中以 2016 年报告为例,结合作者与读者双方的意见,以考察其文体特点具体发生了哪些变化。

据起草组成员介绍,2016 年《政府工作报告》起草组在起草过程中遵循以下规律:在内容上紧扣实现全面建设小康社会的目标,安排内容说明"十三五"规划纲要、说明纲要提出的目标到底跟每个人有什么关系,回应人民群众关注的问题。写作的指导思想是"坚持实事求是。力求把内外形势讲准,以统一思想认识;力求把成绩讲够,综合各方面所做的工作;力求把问题讲透,客观的来反映我们现在遇到的困难和问题,以增强这种忧患意识";在文风上做到平易朴实接地气,力求让老百姓都听得懂,记得住。①

起草组负责人认为,2016 年政府工作报告体现了"新、实、活"的特点,即:

第一,提法新:第一次对经济预期增长目标提出 6.5%—7%的弹性范围,第一次在报告中出现的新理念有"新经济""分享经济",新举措有"中国制造+互联网"等。

第二,措施实:提出"新建改建农村公路 20 万公里""退耕还林还草 1500 万亩以上""棚户区住房改造 600 万套"等具体可行、目标明确的措施。

---

① "政府工作报告诞生记:总理亲自主持起草 历经四次审议",中国网 2016 年 3 月 5 日,URL: http://www.china.com.cn/lianghui/news/2016-03/05/content_37944730.htm。

第八章 《政府工作报告》文体风格的变化与传播方式创新

第三,风格活:用词更加鲜活,语言风格更贴近百姓。如"决不允许占着位子不干事""中国改革开放30多年的辉煌成就,就是广大干部群众干出来的"。①

据介绍,2016年《政府工作报告》增加了"十二五"总结和"十三五"发展相关内容,但在篇幅上只比2015年多了1000多字,与以往相比,报告更加紧凑,更注重可操作性。②

以上是从作者的角度,对2016年报告的风格变化进行了微观描述。那么2016年报告的读者——两会代表们如何看呢?据新华网报道,两会期间,《政府工作报告》普遍获得代表委员们的好评,例如"把脉把得非常准""回应了人民的关切""提出的措施都比较扎实""《政府工作报告》里的话都很朴实"。③

可见,2016年政府工作报告的行文风格的确发生了上文描述的变化,即用词更加生动,行文更加平易近人。此外,内容变得更加实在,贴近老百姓,更多以数字明示目标与措施,使之变得更加具体、更具操作性。

第三节 《政府工作报告》的传播与传播方式创新

近几年来,随着中央与相关部门越来越重视国家方针政策的对内对外宣传工作,各相关部门结合新媒体应用,与时俱进地创新传播方式,《政府工作报告》在国内与国外的影响力正在逐步扩大,与以往相比取得了较大的进步。

---

① 图解《政府工作报告》编写组:《图解〈政府工作报告〉(2016)》,北京:中国言实出版社2016年版,第115页。
② 图解《政府工作报告》编写组:《图解〈政府工作报告〉(2016)》,北京:中国言实出版社2016年版,第117页。
③ 图解《政府工作报告》编写组:《图解〈政府工作报告〉(2016)》,北京:中国言实出版社2016年版,第118页。

（一）对内传播与创新

近年来，《政府工作报告》影响力越来越大，越来越多的普通百姓开始关注当年报告中与自己有关的内容。之所以如此，除了《政府工作报告》本身写作方式越来越朴实、接地气之外，还在很大程度上得益于传播方式的创新。自 2014 年起，新华网专门制作《报告》的"图解"版，将其主要内容提炼出来，文字简明扼要，以漫画、图片、图表为主，令读者不费力就能读懂《报告》的精华。该"图解"报道被其他网站大量转载。

2015 年，新华网与人民出版社、新华网和国家行政学院有关专家组成"图解政府工作报告"编写组，在国务院有关部门的直接指导与支持下，联合推出了《图解〈政府工作报告〉（2015）》。该书彩色印刷、多媒体呈现，"标志着政治文件读物由此走进了有情趣、有内涵的小清新时代"①。该书配有 6 页彩插，还有李克强总理的卡通形象；内容上分为《报告》概览和详解两个部分，尽力做到通俗易懂。例如，概览部分设置"30 句话走近《报告》"版块，将精髓高度概括，有图例、有数据，可读性强。书里还提供了来自政府工作报告起草组负责人以及各部委领导对报告的权威解读版块。除了在内容上做到通俗易懂之外，该书还印有二维码，通过微信的"扫一扫"，可以看李克强总理政府工作报告的视频。2016 年则在 2015 年的基础上，推出了《图解》版和《二维码》版两个版本的图书，各有所长。

这些在传播宣传方式上的创新，有效地扩大了《政府工作报告》在普通民众之中的普及程度，受到普通民众的好评，这从网上书店的读者评论中可见一斑。当当网有 219 条读者评论，均为好评，京东商城有 80 条读者评价，只有 1 条中评"图解版不如文字版使用"和 1 条差评"装订质量差"，除此之外均为好评。绝大部分读者认为图解版更加易懂、吸引读者，例如，"阅读形式很有创意""彩色图会较好

---

① "Duang~政府工作报告出图解版了，3 分钟带你领略它的魅力"，2015 年 03 月 19 日，新华网，http：//news.xinhuanet.com/politics/2015-03/19/c_127597963.htm，访问日期 2016 年 2 月 20 日。

第八章 《政府工作报告》文体风格的变化与传播方式创新

理解,特色是扫二维码看视频""图解版果然看着舒服多了""简单易懂""书图文并茂,值得看""通俗易懂""深入浅出""全面权威""清晰明了""有意思""不枯燥""看得进去",甚至有读者惊叹:"政府能做出这样的与时俱进的报告,为政府点赞!图解报告的质量,内容没的说,为制作团队点赞!"①

(二)《政府工作报告》对外传播方式创新
——以日本为例

《政府工作报告》对外传播的传统途径主要有以下几种。每年全国人大开幕当天早晨,中央编译局翻译的《政府工作报告》日译本摆放在人民大会堂,供媒体记者与相关人员取阅。以该译本为参考,日本主流媒体记者摘出要旨进行报道,如《朝日新闻》②《每日新闻》③《日本经济新闻》④《读卖新闻》四大报纸,中国通信社的月刊日刊《中国通信》与《中国情势》⑤、亚洲通讯社的月刊《中国经济新闻》⑥均为此类报道方式。日本大使馆、中国主要对日本宣传的喉舌——新华网日本版、中央电视台国际频道、中国国际广播电台、中国网和人民网均对编译局译本进行全文转载或播放。此外,日本的一家名为"中国研究所"的社团法人每年推出《中国年鉴》,全文转载该

---

① 评论的数据与内容来源于当当网和京东商城自营《图解〈政府工作报告〉2015》图书页面的"商品评论"和"商品评价"版块,网址分别为:http://product.dangdang.com/23668345.html(当当)与 http://item.jd.com/11664543.html#comment(京东),访问日期2016年4月10日。

② 「中国、今後5年の成長率6.5%以上 全人代が開幕」、『毎日新聞』2016年3月5日、http://www.asahi.com/articles/ASJ352SPQJ35UHBI00L.html。

③ 「全人代政府活動報告の要旨」、『毎日新聞』2016年3月6日、東京朝刊、URL: http://mainichi.jp/articles/20160306/ddm/007/030/063000c。

④ 「李克強首相の政府活動報告の要旨 全人代」、『日本経済新聞』2016年3月5日、URL: http://www.nikkei.com/article/DGXLASGM05H47_V00C16A3NNE000/。

⑤ 官方网页:http://www.china-news.co.jp/monthly。

⑥ 官方网页:http://www.china-news.co.jp/daily。

年度的《政府工作报告》日译文。一些日本的相关研究机构，如三菱东京 UFJ 银行的中国投资银行部中国调查室[①]摘译要旨。

通过这些传统的传播途径，日本的中国问题研究者、与中国有业务往来的经济界人士以及对中国感兴趣的民众可以了解到每年政府工作报告的内容。但传播面受到较大限制，影响力还有待提高。比如笔者于 2015 年底对日本受众进行的调查结果显示，199 人中只有 11.5% 的人读过政府工作报告。

不过，上述几家中国主要的对日宣传部门近年来纷纷对传播方式进行创新尝试。如中国网、人民网、新华网等网站的日文频道设立两会专区，采用图解等形式生动、通俗地介绍两会与政府工作报告以及相关背景等内容。中国国际广播电台日语频道的广播员参照中央编译局译本，每年现场向日本听众同声传译总理所做的政府工作报告[②]；2016 年进一步创新传播方式，与日本最大的视频网站"niconico"合作，对人大开幕式和政府工作报告进行了实况直播，视频采用现场图像，音频采用广播员参照日译本提供的日语同传。由于该视频网站可以发弹幕评论，其受众以日本年轻人居多，从他们的弹幕评论内容来看，绝大部分人是第一次接触政府工作报告。据中国国际广播电台日语频道的统计数据，直播结束后，该网站直播累计浏览量为 1 亿 6088 万 9317 次[③]，可以说，这种新媒体下中外合作的创新传播方式取得了良好的传播效果。

---

① 2016 年报告的摘译译文链接如下：https：//reports.btmuc.com/File/pdf_file/info002/info002_20160310_001.pdf#search=´2016+%E6%94%BF%E5%BA%9C%E6%B4%BB%E5%8B%95%E5%A0%B1%E5%91%8A´.

② 2017 年《政府工作报告》未以日语同声传译的形式进行直播。

③ "咋回事，这谁干的?" 2016 年 3 月 6 日，CRI 日语频道，微信公众号推送新闻，URL：http://mp.weixin.qq.com/s?__biz=MzA5MzM1NDEzNg==&mid=402274766&idx=1&sn=aee711f024c13e0cabf74a272f5eb389&scene=0#wechat_redirect。

第八章　《政府工作报告》文体风格的变化与传播方式创新

第四节　小结

本部分考察了政府工作报告的性质与功能、具体制定流程,使用语料库工具考察了近8年报告的文体风格变化,发现随着报告起草组负责人的不同,其用词与句长等量化指标显示出明显的不同;同时,从平均用词与句长来看,报告正在逐年朝着用词丰富多样、句子简短的方向发生变化。2016年报告的起草组描述的起草原则以及读者对报告的反映也印证了上述变化的存在。原文的这些变化,无疑有利于译文朝更容易令受众接受的方向发生变化,有利于更好地传播。

本部分还考察了近年来政府工作报告对内传播方式与对外传播方式上的创新,即图解可视化、与新媒体方式相结合、适应年轻人的偏好(漫画形象、弹幕评论)等,从受众的反映来看,这些传播方式的创新非常有效地提升了《政府工作报告》的传播效果,对今后进一步提高对外传播效果,扩大国际影响力,乃至构建中国在国际上的话语体系都提供了重要的经验。

通过上述对内对外传播的变化以及内外受众反应的考察,笔者认为,为取得更好的传播效果,今后对外传播工作中应当注意以下两点。

第一,译文应向用词丰富生动、句子简洁易懂的方向努力。原文正在发生这样的变化,译文必须注意将原文的风格变化忠诚地体现出来,使译文朝更容易令受众接受的方向发生变化。

第二,创新传播方式。《政府工作报告》近年来对内与对外传播过程中进行的创新,如图解可视化、与新媒体方式相结合、适应年轻人的偏好(漫画形象、弹幕评论)等均取得了良好的效果,应该继续推行下去,同时不断与时俱进,推出更多的传播方式,有效扩大《政府政府报告》在海外受众中的影响力。

第九章 结论——中央文献对外翻译的对策与建议

本章结合译者访谈、受众调查以及历年文本风格变化的考察结果和功能翻译理论，对《政府工作报告》中译日翻译过程的主要主体——发起人、译者、受众的角色与作用进行再思考，探讨发起人、译者可以采取哪些策略，以提升对外翻译效果。在回顾本书的理论框架与分析内容的基础上，回答绪论中提出的问题，为以《政府工作报告》为代表的中央文献的译者和相关部门提高对外翻译效果提出对策与建议，进而探讨翻译行为主体可以采取哪些对策以提高相关文献的对外传播效果。

第一节 对《政府工作报告》中译日行为的再思考

在绪论中，笔者提出了四个问题，通过第二章到第九章的阐述与分析，笔者在本章中再次探讨与总结这些问题的答案。

本节中主要回答绪论中提出的前三个问题："第一，在功能翻译学派的翻译理论框架下，将国务院政府工作报告的中译日翻译视作一个交际行为时，该翻译行为涉及哪些主体？他们的现状和特点是怎么样的？第二，国务院政府工作报告日译本的功能和目的是什么？现有译本是否实现了该功能与目的？第三，日本受众是交际行为中的对象，他们对于国务院政府工作报告的日文译本评价如何？"

第九章 结论——中央文献对外翻译的对策与建议

（一）目的：发起者、原文作者、译者、受众的目的及评价

在第三章中，我们讨论了政府工作报告对日翻译这个交际行为中涉及四个主体，即发起人、原文作者、译者、受众，并讨论了他们的现状与特点以及他们各自的目的。通过第五章和第六章的受众调查结果以及第七至第九章的讨论，我们在此对四个翻译行为主体的特点、各自的目的等现状进行回顾，并探讨其目的达到程度。

如第三章所探讨，《政府工作报告》对日翻译的发起人是中央，是中国最高领导机构，它并非个人，而是一个集体，但同时也拥有一个特定代表，即总书记，体现集体决策后的一致意志。原文作者是以国务院总理为代表的30—40人组成的集体。发起人与原文作者的翻译目的是一致的，都是"对外宣传"。更具体地说，是向全世界宣传中国化马克思主义理论成果和中国社会主义理论体系，展示中国共产党的新形象、路线、方针和政策，宣传中国社会主义建设取得的伟大成就，即"着力打造融通中外的新概念新范畴新表述，讲好中国故事，传播好中国声音"。

《政府工作报告》日译本的受众从其社会文化背景与知识储备来看，可以划分为专业型受众和普通型受众。专业型受众阅读《政府工作报告》日译文的目的为"工作需要"，在阅读时主要着重寻找自己需要的信息，对语法、修辞等语文类问题不会给予过多关注。他们的目的与发起人的目的在大方向上也是一致的。即这类受众需要客观地了解中国的最新情况与数据，而发起人的目的也是要向受众宣传展示中国的最新情况和成就。普通型受阅读《政府工作报告》日译本的目的是出于个人兴趣、学习，甚至可能是休闲、打发时间等。由于他们本身对中国的了解与知识储备不如专业型受众，因此他们的关注点更加分散，如果是偶然接触到该译本的普通型受众，文本表达的流利程度、容易理解的程度、浓厚中国文化背景的词是否转换为贴近日本文化的表达方式、修辞句法贴近日常日语的程度等因素都会影响到该类受众是否继续进行阅读的决策。这类受众的目的中有了解中国的欲望，因此在这一层面上，与发起人的目的存在一致性。但这类受众在

阅读过程中一旦碰到一点困难，不管是语言层面还是文化层面，都可能会选择放弃阅读。

根据第五章与第六章中介绍的受众调查结果，发起者和原文作者希望准确"对外宣传"的目的在一定程度上得到了实现，尤其是以专业型为主的受众认为日译文通顺、流利、容易读懂，并且不少人认为通过日译文了解到了中国语言和文化。不少初次阅读《政府工作报告》日译文的受众表示，惊讶于中国政府取得的成就，这说明日译文向日本受众展示了中国共产党的新形象、路线、方针和政策，宣传了中国社会主义建设取得的伟大成就，达到了对外宣传的目的。然而，同时我们也需要注意到，较大规模的问卷调查中，199个调查对象里只有11.5%在本次调查前听说过并阅读过《政府工作报告》。这说明，《政府工作报告》对外宣传的覆盖面还不够广，影响力还不够大。

从受众调查结果来看，专业型受众通过阅读日译本，较好地达到了准确、权威地获取工作所需信息的目的。对专业型受众而言，中国特有的文化与社会背景以及相应的专业词汇理解起来问题不大，他们对现有译本满意度很高。然而，对普通型受众而言，中国特有的文化、背景与相应词汇给他们带来了较大的阅读障碍，因此他们倾向于认为现有日译本容易理解程度较低。他们之中特别希望了解中国的人，即使碰到较多的阅读障碍依然会持续阅读，但对了解中国兴趣较低的人，则认为继续阅读是一种痛苦，会放弃阅读。因此，可以认为，专业型受众认为当前的译本较好地满足了自己的阅读目的；而普通型受众的意见因兴趣程度不同而有所分散。

（二）功能：译者、受众认为的功能及评价

本小节主要回答绪论中提出的第二和第三个问题，即日译本的功能是什么，受众如何看待。

赖斯将文本主要划分为信息型、表情型和感染型三种类型；文本的功能主要也分为传递信息、表达感情、感染接受者三种。在此主要从译者与受众的角度评价译文的功能。

如第四章中所讨论，译者是集体，译者对译文功能的认知存在个体差异。或者说，译者们并未意识到文本具有的主要功能。只有极个别的

第九章 结论——中央文献对外翻译的对策与建议

译者认为《政府工作报告》的功能在于传递信息，因此在传递信息和表达感情的译法必须二选一时，舍弃表达感情的忠实译法，保留译文传递信息的功能。更多的译者采取了亦步亦趋地忠实于原文的译法，这种译法从客观效果来看属于更接近于表达感情的译法。

从受众调查的结果来看，专业型受众中绝大部分认为政府工作报告的主要功能是传递信息，但也有少数人非常看重表情功能，这些人认为汉语中某些特有表达体现了中国社会主义的特色，应该原汁原味地保留到日译文中，不应轻易舍弃或转换。从对比喻、排比等修辞手法的翻译例句调查结果来看，普通型受众多倾向于认为《政府工作报告》这样的政府公文主要功能是传递信息，为了更好地传递信息，应该在译文中去掉令受众费解的比喻等修辞。

由此可见，译者与受众对政府工作报告日译文的功能观点不一，评价也不一样。总体而言，受众有不同的反馈意见在某种程度上印证了译者集体中每个个体想法不一的现状。

（三）与对日传播的关系及思考

如前文所述，本书所做的受众调查结果显示，《政府工作报告》对日宣传的覆盖面还不够大，80%以上的受众没有听说过《政府工作报告》。

从《政府工作报告》日译文的受众反馈来看，专业型受众的评价偏高，而普通型受众的评价则偏低。《政府工作报告》对日传播的受众中，专业型受众的数量是有限的，大部分受众是普通型受众，这一点或许可以解释宣传覆盖面较小的现状。

不过，笔者在对译者进行访谈的过程中了解到，译者认为翻译仅仅是对外传播过程中的一个环节，要扩大对外传播的影响力，仅仅靠译者是不够的，译者所能做的事情有限，尤其是在需要从形式和内容上均高度忠实于原文、忠诚于翻译发起者与原文作者的前提之下，能做的努力更加有限。关于如何扩大对外传播的影响力，需要翻译的发起者、原文作者与译者，以及对外传播从业者的共同努力。这也就引出了绪论中提出的第四个问题"译者和相关主体可以采取哪些方法，在哪些方面努力，以实现'讲好中国故事，传播好中国声音'，提高国务院政府工作报告对外翻译的效果?"

第二节　对策与建议

本节主要探讨绪论中提出的第四个问题,即译者和相关主体可以采取哪些方法、在哪些方面努力,以提高国务院政府工作报告对外翻译的效果的问题。以下主要从发起者、原作者、译者以及传播从业者四个角度探讨对策。

（一）发起者

诺德指出,翻译过程的发起人在理想的情况下,会尽可能地详细介绍翻译目的,解释预期信息交流的对象、时间、地点场景和媒介,并说明文本的预期功能,这些信息将形成一份明确的"翻译纲要"。诺德同时也指出,翻译的发起人通常不会为译者准备一份明确的翻译纲要,因为他们不是跨文化交际的专家,往往不知道一份好的纲要可以带来更好的译作。[①]

《政府工作报告》的对日翻译实践中,翻译的发起人没有为译者准备明确的翻译纲要。尽管译者可以从发起人的方针政策中推测出发起人的目的,即"对外宣传",但是没有明确的翻译纲要,尤其是授权,译者为求保险,不得不从形式上和内容上完全忠实于原文,其结果是出现一些不利于普通型受众理解的译文,最终不利于扩大对外宣传效果。

笔者在对译者进行访谈时,译者们普遍感到困惑的问题是,"讲好中国故事,传播好中国声音",如何理解其中的"好"字,为了做到这个"好",译者可以做哪些尝试? 不可以做哪些尝试?

如果要扩大对外传播的效果,就必须扩大译本对普通型受众的影响力。从本书所做的受众调查结果来看,目前的全译本较好地满足了

[①] 〔德〕克里斯蒂安·诺德:《译有所为》,张美芳、王克非译,北京:外语教学与研究出版社 2005 年版,第 38—39 页。

专业型受众的需求,然而却没有很好地满足普通型受众的需求,主要表现为以下两点:首先,普通型受众需要简洁的译本,目前的全译本对他们来说过于冗长。其次,目前的全译本注重忠实于原文的形式,造成大量译文事实上并不利于缺乏相关背景知识的普通型受众理解与接受。

因此,如果要扩大日译本的传播效果,应该针对普通型受众推出简洁的、译文形式上更接近于译语文化的简化译本。发起者应该向译者授权推出主要面向专业型受众的全译本以及主要面向普通型受众的简化译本,同时向译者明确传达翻译目的与文本功能。

(二)原作者

上一小节提出,如果要扩大日译本的传播效果,翻译的发起者应该向译者授权推出全译本和简化译本。在简化译本的原文制作上,译者如果得到原作者的协助将会更有利于实现对发起者和原作者的忠诚。因此,从原作者的角度来看,可以从以下三个方面做出努力:第一,配合译者,专门面向普通型受众,创作简化译本的原文,提供给译者进行翻译;第二,与译者保持紧密联系,尽可能地回答译者的疑问,以尽可能减少理解错误,从而提高译文的质量;第三,译者与原作者的融合,即吸纳译者成为原作者,或者派原作者作为译者之一参与翻译过程。

(三)译者

为了更好地"讲好中国故事,传播好中国声音",译者可以在获得发起者授权的基础上,推出面向不同受众的不同译本,与原作者保持紧密联系,同时在翻译过程中还可以做出以下努力。

第一,契合日本受众期待视野和审美意识采取翻译策略,例如对于面向专业型受众的全译本,翻译策略应偏重于忠实于原文,尽量采用异化的策略,保留原文中体现中国特色的词汇、表达与句式;而对于面向普通型受众的简译本,则应尽量采用归化的翻译策略,以传递信息为主要目的,以利于受众理解和接受为主要目标,将原文中体现中国特色的词汇、表达与句式进行适当转化,使之尽可能贴近普通型受众的背景知识储备。

第二，为了扩大传播效果，对于简译本，译者可以在原作者的支持下大胆创新，在译文中加入图片、漫画等可视化尝试，还可以结合新媒体，如 SNS 上就一个术语发布相关的小专栏；与日本媒体合作，播放相关音频、视频等。

第三，翻译过程中加强中外合作，更多引进日本专家，使中文母语译者与外语母语译者的比例达到一比一。这样可以使译文的语言更加地道，更加容易为日本人所理解和接受。事实上，在文学对外译介领域，人们基本达成了共识，即中外合作模式是最佳译介模式。因此，中央文献的对外翻译领域也可以并应当借鉴该模式。当然，中央文献的对外翻译存在政治上的特殊性，为保护意识形态的安全，应当坚持以我为主、中方母语者定稿的原则。

（四）传播者

要扩大对外传播的效果，除了上述翻译行为的四大参与者之外，还必须引进传播者的角色。传播者可以是媒体从业者，例如外宣杂志、电视台、广播、网站等。同时，译者在一定程度上可以发挥传播者的作用，例如在相关媒体上发布一些解释性的文章或小视频，普及介绍相关中国特色术语或事件的背景。从第八章中介绍的一些有利于对日传播的案例来看，例如与日本的主流视频网站合作直播等积极传播行为，能够很好地起到扩大对外传播效果的作用。在中国现行体制下，媒体机构和翻译机构虽然工作内容可能有部分重合，但是作为机构是各自独立的，因此要实现"讲好中国故事"，建立中国的国际话语体系，媒体机构与翻译机构之间有必要建立起更为密切的合作关系与互通机制。

第三节　本书的价值及今后课题

本书以功能翻译理论为理论基础，基于对翻译作为交际行为的参与主体的理论，结合《政府工作报告》对日翻译的实际情况做出部分

第九章 结论——中央文献对外翻译的对策与建议

调整,构建了《政府工作报告》对日翻译行为的主体框架,并在此框架下对主要参与者,即发起人、原文作者、译者以及受众分别进行了考察,尤其侧重阐述四次受众调查结果对考察结果、翻译目的与功能的启发与印证。

本书的创新价值与应用价值主要体现在以下三个方面。

第一,以政府工作报告为代表的中央文献对外翻译为研究对象,将中央文献的对外翻译视为跨文化交际行为,分析了该行为的主要参与人及其特点、目的,通过对译者的访谈、受众调查等进一步考察了该交际行为的各个因素,丰富了中央文献对外翻译研究,拓宽了学术视野,具有一定原创性。

在翻译理论层面,传统译论往往仅将翻译视为两种语言之间的转换,直到功能翻译学派的出现,才将翻译明确定义为一种跨越两种语言和文化的交际行为。传统译论往往认为翻译行为的主体为译者,而功能翻译学派则客观、科学地分析参与翻译这个交际行为的各个行为主体,既包括译者,还包括翻译的发起人、原文的作者、译文的接受者(受众)等。只有译文的接受者按照翻译发起人期待的目的理解了译文,翻译这个交际行为才算完成。本书将功能翻译学派的理论与《政府工作报告》对外翻译的实践相结合,建立了适用于中央文献对外翻译的理论分析框架,即:中央文献对外翻译行为具有四大参与主体——翻译的发起人、源语文本的生成者(原文作者)、译者、受众(或可称"目标语文本受众""译文受众")。该行为过程包括如下环节:(1)翻译的发起人授意原文作者生成源语文本(即原文);(2)翻译发起人授意译者启动翻译行为;(3)译者将源语文本转换成目标语文本;(4)受众阅读并不同程度地接受目标语文本。该行为过程中,"目的"存在并始终贯穿于整个过程。四大参与主体均有自己的目的,当四个主体的目的一致或最接近时,翻译的效果可以达到最大化。这种理想状态即原文作者遵从发起人的目的,生成最利于译者接受并进行转化的文本,译者遵从发起人的目的,将源语文本转换为最有利于受众接受并实现发起人目的的目标语文本,受众阅读目标语文本后达到自己的阅读目的,同时毫无障碍地接收了发起人试图让受众接收并做出相应反应的目的。明确四大参与主体的目的并进行比

基于功能翻译理论的中央文献对外翻译研究
——以《政府工作报告》日译为例

对,可以为评估翻译的效果提供依据。这是本书为翻译效果评估提出的一种新的思路书中也做出了尝试,通过查找相关报道、文献资料、访谈、问卷调查等多种方式尽量查明并对比了四大参与主体的目的,肯定了 2013—2015 年政府工作报告日译本的翻译效果。本书证实了功能翻译学派的理论在指导中央文献对外翻译与研究方面的有效性,提出并实践了评估翻译效果的新思路,拓宽了翻译研究的学术视野。

第二,综合使用访谈、问卷调查、语料库等研究方法,收集了大量一手客观数据;数据分析采用定性与定量相结合的方法,明确了受众的偏好,并在客观数据的基础上总结提炼提高翻译质量的对策与建议,可为翻译从业者、研究者提供数据支撑与有效参考。

本书历时 3 年,分别对数名译者与受众进行多次访谈,对受众先进行两次小规模的问卷调查,在访谈与小型开放式问卷调查做定性分析的基础上,开展了回收有效问卷 199 份的较大规模的问卷调查,获得了较多一手数据。这在以往的翻译研究中是比较罕见的。基于这些数据以及对数据进行的定性以及定量的分析,本书首次较为全面地揭示了《政府工作报告》的译者与受众的特点与偏好,不仅为广大译者以及翻译研究者提供了可借鉴的研究手段与数据,并总结了可参考的对策与建议。例如,通过访谈与问卷调查,证实了不同类型的受众对译文存在不同偏好;越是专业型受众以及对中文理解程度越高的受众,越认可本书中的译文;绝大部分受众偏好在译文中不保留政府工作报告等信息类文本中的比喻、反复等文学修辞手段,等等。

第三,深入对外传播研究,在翻译行为的延长线上引入传播者的角色,对如何扩大中央文献对外传播效果做了思考,并向各个翻译参与主体提出对策与建议。

对外翻译的目的在于对外传播,提高对外翻译的效果实质上即提高对外传播的效果。"讲好中国故事、传播好中国声音"归根结底需要落实到"传播"上,现有的翻译研究多局限于讨论文本问题,必须跳出翻译的文本,翻译的发起者、原文作者、译者都需要认识到将"对外翻译"延长为"对外传播",引进"传播者"的角色。发起者可向译者明确说明对外翻译的目的即"对外传播",授权推出主要面向专业型受众的全译本以及主要面向普通型受众的简化译本,以便有

第九章 结论——中央文献对外翻译的对策与建议

的放矢，更好地提高传播效果。原文作者可配合译者，基于提高对外传播效果的出发点，创作与对内传播不一样的原文，并与译者保持紧密联系，尽可能地回答译者的疑问，以尽可能减少理解错误，甚至吸纳译者成为原作者。译者可在发起人授权、原作者的支持下大胆创新译文的输出方式，进行加入图片、漫画等可视化尝试，结合新媒体，就某个术语发布相关的小专栏；与外宣媒体积极沟通合作，甚至与国外媒体进行合作，扩大传播影响。

本书在以下几个方面还存在不足：1. 本书基于功能翻译理论对以《政府工作报告》为代表的中央文献对外翻译提出了建议与对策，在理论指导与应用于实践的微观层面还存在许多有待进一步讨论的问题，例如译者如何确认翻译是否达到了发起者的翻译目的等；2. 本书所做的四次受众调查中专业型受众的样本量最多时为 28 个，尽管能够在一定程度上反映专业型受众的意见，但还需要收集更多数据；3. 本书中使用中文语料库工具对前后两届总理任内的《政府工作报告》风格进行了比较，发现了一些显著差异，由于时间等客观条件所限，未能用日语语料库工具对日译文与日本相关公文的话语风格进行比较。

上述三个不足同时也是笔者今后进一步展开研究的课题。同时，如何把中央文献的对外翻译放到建设中国国际话语体系、提升中国软实力、提升中国国际形象的宏观框架下进行审视与探讨，以推动其发展，更是今后努力的大方向。

参考文献

汉语文献：

1. 卜建华：《传承与超越：功能主义翻译目的论研究》，北京：中国社会科学出版社，2008年，第1版。

2. 边彦耀：《中央文献翻译中的还原问题》，载《中译外研究》2013年第1期。

3. 〔德〕克里斯蒂·诺德：《译有所为——功能翻译理论阐释》，张美芳、王克非译，北京：外语教学与研究出版社，2005年，第1版。

4. 〔德〕克里斯蒂·诺德：《翻译的文本分析模式：理论、方法及教学应用》，李明栋译，厦门：厦门大学出版社，2013年，第1版。

5. 陈大亮：《〈2012年政府工作报告〉英译本的读者意识》，载《中译外研究》2014年第1期。

6. 陈建生、崔亚妮：《基于语料库的中国〈政府工作报告〉英译本词汇特征研究》，载《当代外语研究》2010年第6期。

7. 陈小慰：《对外宣传翻译中的文化自觉与受众意识》，载《中国翻译》2013年第2期。

8. 程镇球：《政治文章的翻译要讲政治》，载《中国翻译》2003年第3期。

9. 程镇球：《政治文章的翻译》，载《中国翻译》2004年第1期。

10. 〔英〕丹尼斯·麦奎尔：《受众分析》，刘燕南等译，北京：中国人民大学出版社，2006年，第1版。

11. 窦卫霖、祝平：《对官方口号翻译有效性的实证研究》，载《中国翻译》2009年第5期。

12. 杜素涛：《从功能对等理论看政治文献翻译技巧的运用——以 2008 年〈政府工作报告〉为例》，载《今日南国（理论创新版）》2004 年第 4 期。

13. 段鹏：《传播效果研究——起源、发展与应用》，北京：中国传媒大学出版社，2008 年，第 1 版。

14. 范大祺：《从奈达的翻译标准来看〈江泽民文选〉的翻译实践》，载《中译外研究》2014 年第 1 期。

15. 傅思年：《译书感言》，载罗新璋编《翻译论集》，北京：商务印书馆，1984 年，第 1 版。

16. 韩雪峰：《读者的角色——翻译研究中被忽视的因素》，载《国际关系学院学报》载 2003 年第 6 期。

17. 黄仕会、王毅：《译者主体性在外宣翻译中的体现——以〈2014 年政府工作报告〉英译为例》，载《江苏理工学院学报》2015 年第 1 期。

18. 黄友义、黄长奇、丁洁：《重视党政文献对外翻译，加强对外话语体系建设》，载《中国翻译》2014 年第 3 期。

19. 黄友义：《中国站到了国际舞台中央，我们如何翻译》，载《中国翻译》2015 年 5 期。

20. 贾文波：《应用翻译功能论》，北京：中国对外翻译出版有限公司，2012 年，第 1 版。

21. 贾毓玲：《从〈政府工作报告〉的翻译谈如何克服中式英语的倾向》，载《上海科技翻译》2003 年第 4 期。

22. 贾毓玲：《对中央文献翻译的几点思考》，载《中国翻译》2011 年第 1 期。

23. 贾毓玲：《对融通中外话语体系建设的几点思考——〈求是〉英译体会》，载《中国翻译》2015 年第 5 期。

24. 蒋芳婧：《受众接受视角下的中央文献日译策略》，载《天津外国语大学学报》2014 年第 5 期。

25. 蒋芳婧：《中央文献翻译综述》，载《中译外研究》2016 年第 1 期。

26. 蒋芳婧：《功能翻译理论视阈下的政府工作报告日译策略研

究》，载《日语学习与研究》2016 年第 3 期。

27. 蒋芳婧：《2015 年政府工作报告日译本的受众调查研究》，载《中译外研究》2016 年第 2 期。

28. 〔英〕杰里米·芒迪：《翻译学导论：理论与应用》，李德凤等译，北京：外语教学与研究出版社，2014 年，第 1 版。

29. 金美玉：《从功能翻译理论视角看 2011 年〈政府工作报告〉英译》，载《巢湖学院学报》2011 年第 5 期。

30. 黎昌抱、陶陶：《从〈毛泽东选集〉英译看译者角色》，载《当代外语研究》2011 年第 6 期。

31. 李楚菡、刘彬：《外宣翻译的读者接受度研究》，载《学理论》2015 年第 9 期。

32. 李红霞：《目的论视域下的政论文英译策略研究——以 2010 年〈政府工作报告〉为例》，载《外国语文》2010 年第 5 期。

33. 刘芳：《受众类型对译者翻译策略的影响》，载《江苏外语教学研究》2012 年第 2 期。

34. 卢敏：《如何做好中央文献翻译工作》，载《中国翻译》2002 年第 5 期。

35. 《鲁迅和瞿秋白关于翻译的通信》，载罗新璋编：《翻译论集》，北京：商务印书馆，1984 年，第 1 版。

36. 〔英〕罗杰·迪金森：《受众研究读本》，单波译，北京：华夏出版社，2006 年，第 1 版。

37. 茅盾：《〈简爱〉的两个译本》，载罗新璋编：《翻译论集》，北京：商务印书馆，1984 年，第 1 版。

38. 秦洪武：《论读者反应在翻译理论和翻译实践中的意义》，载《外国语（上海外国语大学学报）》1999 年第 1 期。

39. 孙英彩：《〈政府工作报告〉中语篇的日译——以语篇的衔接为中心》，载《科技信息》2013 年第 11 期。

40. 童孝华：《翻译是一门创意艺术——十八大翻译实证解析》，载《中国翻译》2013 年第 2 期。

41. 图解《政府工作报告》编写组：《图解〈政府工作报告〉》，北京：中国言实出版社，2016 年，第 1 版。

42. 王弄笙：《十六大报告汉英翻译的几点思考》，载《中国翻译》2004 年第 1 期。

43. 王平兴：《政治文献翻译新探索——十七大文件翻译体会》，载《中国翻译》2008 年第 1 期。

44. 王平兴：《关于汉英翻译"迁移性冗余"的一些思考》，载《中国翻译》2011 年第 5 期。

45. 王树槐、万光荣：《英语读者语言取向的实证调查及启示》，载《外语研究》2014 年第 4 期。

46. 王小萍：《政治文献英译的疑难及其解决办法》，载《山东外语教学》2006 年第 5 期。

47. 王晔：《中共中央重要政治文献术语翻译研究——以 2009—2013 年政府工作报告俄译本为分析个案》，载《中译外研究》2014 年第 2 期。

48. 文军：《归化异化，各具一格——从功能翻译理论角度评价《飘》的两种译本》，载《中国翻译》2003 年第 9 期。

49. 文燎原：《关联翻译观视角下外宣文本变译策略探析——以 2010 年政府工作报告（英译本）为例》，载《荆楚理工学院学报》2010 年第 6 期。

50. 巫和雄：《〈毛泽东选集〉英译研究》，北京：中国社会科学出版社，2013 年，第 1 版。

51. 武光军：《2010 年政府工作报告英译本中的迁移性冗余：分析与对策》，载《中国翻译》2010 年第 6 期。

52. 武光军、赵文婧：《中文政治文献英译的读者接受调查研究——以 2011 年〈政府工作报告〉英译本为例》，载《外语研究》2013 年第 2 期。

53. 谢海静：《〈江泽民文选〉翻译工作的心得和体会》，载《中译外研究》2014 年第 1 期。

54. 修刚、米原千秋：《中日政治文献"同形词"的翻译——以 2015 年《政府工作报告》日译为例》，载《天津外国语大学学报》2016 年第 5 期。

55. 徐静：《政府工作报告英译中的归化和异化》，载《科教文汇

(上旬刊)》2012 年第 3 期。

56. 徐梅江:《翻译创新与标准译法——十六大文件翻译札记》, 载《上海科技翻译》2003 年第 3 期。

57. 杨东辉:《千锤百炼为"一"(译)稿——《2014 年政府工作报告》翻译札记》, 载《中译外研究》2016 期第 4 期。

58. 叶小宝:《提高译语表达质量增强国际传播能力——对一则国家领导人重要讲话英文译稿的商榷》, 载《学术界》2012 年第 6 期。

59. 尹承东:《从毛泽东著作的翻译谈建国以来的中译外工作》, 载《中国翻译》2009 年第 5 期。

60. 曾剑平、汪华:《试析语篇衔接手段在政府工作报告翻译中的应用》, 载《南昌航空大学学报(社会科学版)》2008 年第 3 期。

61. 赵蓬蓬:《浅谈日文文献翻译的标准——以〈习近平关于全面深化改革论述摘编〉为例》, 载《中译外研究》2016 期第 5 期。

62. 张东东、姜力维:《功能翻译理论与应用笔译研究》, 哈尔滨: 哈尔滨工程大学出版社, 2015 年, 第 1 版。

63. 张琳娜:《中央文献汉译俄成语翻译浅析》, 载《中译外研究》2013 年第 1 期。

64. 张美芳:《翻译研究的功能途径》, 上海: 上海外语教育出版社, 2005 年, 第 1 版。

65. 张美芳:《功能途径论翻译——以英汉翻译为例》, 北京: 外文出版社, 2015 年, 第 1 版。

66. 张援远:《谈谈领导人言论英译的几个问题》, 载《中国翻译》20004 年第 1 期。

67. 赵晶:《基于小型双语平行语料库对政治文献翻译显化的探讨——以近十年政府工作报告中"搞好"的翻译为例》, 载《鲁东大学学报(哲学社会科学版)》2010 年第 4 期。

68. 中共中央编译局文献翻译部:《中央文献翻译基本情况》(内部资料)。

69. 仲伟合、钟钰:《德国的功能派翻译理论》, 载《中国翻译》1999 年第 3 期。

70. 朱晓敏：《批评话语分析视角下的〈政府工作报告〉英译研究（一）——基于语料库的第一人称代词复数考察》，载《外语研究》2011年第2期。

71. 朱小雪等：《翻译理论与实践——功能翻译学的口笔译教学论》，北京：北京大学出版社，2010年，第1版。

72. 周红民：《翻译的功能视角——从翻译功能到功能翻译》，北京：科学出版社，2013年，第1版。

73. 周吉：《〈政府工作报告〉中有中国特色政经用语的对等翻译》，载《广西大学学报》2006年第S1期。

日语文献

1. 北条文緒、『翻訳と異文化』、みすず書房2004。

2. 鳥飼玖美子、『よくわかる翻訳通訳学』、ミネルバ書房2013。

3. 宮川喜代江、『日本語らしい日本語への翻訳』、近代文芸社1996。

4. 藤岡啓介、『翻訳は文化である』、丸善ライブラリー2000。

5. 藤濤文子、「翻訳における注のコミュニケーション機能について——「キッチン」の独英語訳を例に」、『ドイツ文学論集』2004。

6. 藤濤文子、『日独翻訳にみる異文化コミュニケーション行為——「ノルウエイの森」の独語訳分析』、『ドイツ文学論集』2005。

7. 藤濤文子、「日独機能主義的翻訳理論の展開と展望」、『ドイツ文学論集』2006。

8. 藤濤文子、『翻訳行為と異文化間コミュニケーション－機能主義的翻訳理論の諸像』、松籟社2007。

9. 柳父章、『翻訳とはなにか——日本語と翻訳文化』、法政大学出版局1976。

10. 柳父章、『翻訳語を読む——異文化コミュニケーションの明暗』、丸山学芸図書1998。

11. 柳父章ほか編、『日本の翻訳論―アンソロジーと解題』、法政大学出版局 2010。

其他资料

1. 2013—2016 年国务院《政府工作报告》汉语与中央编译局日译本，可参见"理论中国网"（中央编译局主办，URL：http：//www.theorychina.org）"政府文献"栏目。

2. "Duang~政府工作报告出图解版了，3 分钟带你领略它的魅力"，2015 年 03 月 19 日，新华网，http：//news.xinhuanet.com/politics/2015-03/19/c_127597963.htm，访问日期 2016 年 2 月 20 日。

3. "政府工作报告诞生记：总理亲自主持起草 历经四次审议"，中国网 2016 年 3 月 5 日。

4. "咋回事，这谁干的?"载 CRI 日语频道微信公众号原创报道，2016 年 3 月 6 日。URL：http：//mp.weixin.qq.com/s?__biz=MzA5MzM1NDEzNg==&mid=402274766&idx=1&sn=aee711f024c13e0cabf74a272f5eb389&scene=0#wechat_redirect。

5. 「全人代政府活動報告の要旨」、『毎日新聞』2016 年 3 月 6 日、東京朝刊。

6. 「李克強首相の政府活動報告の要旨 全人代」、『日本経済新聞』2016 年 3 月 5 日。

7. 現代日本語書き言葉均衡コーパス（少納言），URL：http：//www.kotonoha.gr.jp/shonagon。

8. 中国语言文字网"语料库在线"，URL：http：//www.cncorpus.org/CpsTongji.aspx。

附录　中国『政府活動報告書』日訳文の日本人読者アンケート

附録　中国『政府活動報告書』日訳文の日本人読者アンケート

　＊＊ご多忙中、本アンケート調査にご協力いただき、誠にありがとうございます。
　本調査は翻訳の質の向上と研究のために行われています。
　調査結果は翻訳研究のみに使われますので、ご安心ください。
　もし、調査結果にご興味がございましたら、メールアドレスをご記入いただければ、お送りいたします。（メールアドレス＿＿＿＿＿＿＿＿＿＿＿＿＿＿＿＿＿＿＿＿）＊＊

　1　以下の項目について、該当の選択肢を一つお選びください。
　1ご年齢　（　　）
　A　10代　B　20代　C　30代　D　40代　E　50代　F　60代　G　70代及び以上
　2ご職業　（　　）
　A　記者　B　学者　C　学生　D　その他（＿＿＿＿＿＿＿）
　3学歴　（　　）
　A　高卒　B　大学　C　大学院　D　その他（＿＿＿＿＿＿）
　4中国語がわかりますか。（　　）
　A　全然わからない　B　少しわかる　C　ある程度わかる　D　かなりわかる　E　ネイティブ並み

　2　「政府活動報告書」について、該当するものを一つお選びください。（　　）
　A　読んだことがある　→　質問3へ

B　読んだことはないが、聞いたことがある　→　質問4へ
　　C　読んだことも、聞いたこともない　→　質問4へ

　3　「政府活動報告書」を読む目的は何ですか（複数選択可）。（　　）
　　A　研究のため　B　ビジネスのため　C　個人的興味
　　D　そのほか（　　　　　　）

　4　中国に関して、どんな情報が知りたいですか（複数可）。（　　）
　　A　政治　B　経済　C　社会　D　文化　E　外交　F　文学・芸術
　　G　その他（　　　　　）

　5　以下の文の空白箇所に、次の四つの選択肢から、もっとも自然、あるいはわかりやすいと思われるものをお選びください。（　　）
　　「小康社会（ややゆとりのある社会）の全面的完成に向けた取り組みは堅固な歩みをさらに進め、改革の全面的深化は幸先の良いスタートを切り、全面的な法に基づく＿＿＿＿＿は新たな征途につき、全面的な厳しい党内統治は新たな進展を見せた。」
　　A　国家統治（ガバナンス）
　　B　国家ガバナンス
　　C　国家統治
　　D　その他（　　　）

　6　以下の文の空白箇所に、次の四つの選択肢から、もっとも自然、あるいはわかりやすいと思われるものをお選びください。（　　）
　　新しいタイプの工業化・情報化・都市化・農業現代化が持続的に進められ、発展の基盤が日々厚みを増し、＿＿＿＿＿＿＿＿が放

附録　中国『政府活動報告書』日訳文の日本人読者アンケート

出期にあり、マクロコントロールに豊富な経験が積み重ねられている。

　　A　「改革紅利^{ボーナス}」
　　B　「改革ボーナス」
　　C　改革プレミアム
　　D　改革メリット
　　E　その他（　　　）

7　文Aと文Bでは、太字の解釈のつけ方は、どちらが読みやすいと思われますか。（　　　）

　　A　都市化は、都市・農村の格差問題を解決する根本的な方途であり、最大の内需の在り処でもある。人間を核心とすることを堅持し、「三つの1億人（農業からの移転人口約1億人の都市戸籍への転籍促進、約1億人が暮らしている都市部バラック地区と城中村［都心にある村］の改築、約1億人の中・西部地区内での都市化［市民化］）」問題の解決に重点を置き、現代化の支えとしての都市化の役割をしっかりと発揮させなければならない。

　　B　都市化は、都市・農村の格差問題を解決する根本的な方途であり、最大の内需の在り処でもある。人間を核心とすることを堅持し、「三つの1億人¹」問題の解決に重点を置き、現代化の支えとしての都市化の役割をしっかりと発揮させなければならない。

（文末注釈）
1　農業からの移転人口約1億人の都市戸籍への転籍促進、約1億人が暮らしている都市部バラック地区と城中村［都心にある村］の改築、約1億人の中・西部地区内での都市化［市民化］のこと。

　　理由（　　　　　　　　　　　　　　　　　　　　　　）

8　以下の三つの表現から、最もわかりやすい、自然だと思うものを選んでください。（　　　）

　　A　人民の福祉の増大を目的とする

B 国民の福祉の増大を目的とする
C 民生福祉の増大を目的とする

9 以下の三つの表現から、最もわかりやすい、自然だと思うものを選んでください。(　　)

A エネルギー生産とエネルギー消費の革命は、発展と民生に大きくかかわる。

B エネルギー生産とエネルギー消費の革命は、発展と人民の生活に大きくかかわる。

C エネルギー生産とエネルギー消費の革命は、発展と国民の生活に大きくかかわる。

10 以下の二つの文から、よりわかりやすい、自然だと思うものをお選びください。(　　)

A われわれは改革の全面的深化の中で、市場の活力を解き放って経済の下押し圧力を軽減し、硬い骨のような難題の数々を嚙み砕いて、経済・政治・文化・社会・エコ文明などの体制改革を全面的に推進した。

B われわれは改革の全面的深化の中で、市場の活力を解き放って経済の下押し圧力を軽減し、難題の数々を解決し、経済・政治・文化・社会・エコ文明などの体制改革を全面的に推進した。

理由：(　　　　　　　)

11 以下の二つの文から、よりわかりやすい、自然だと思うものをお選びください。(　　)

A 大型文化利民プロジェクトが推し進められ、ラジオ・テレビ放送の「村々通（村々への普及）」プロジェクトが「戸々通（各世帯への普及）」へと深化した。

B 大型文化利民プロジェクトが推し進められ、ラジオ・テレビ放送普及プロジェクトは「村へ」から「各世帯へ」と深化した。

理由：(　　　　　　　　　　　　)

附録　中国『政府活動報告書』日訳文の日本人読者アンケート

12　以下の二つの文から、よりわかりやすい、自然だと思うものをお選びください。（　　）

A　鉄道の新規開通距離が8427キロとなり、高速鉄道の営業距離が1万6000キロ——世界の高速鉄道の60％以上に相当——に達した。

B　鉄道の新規開通距離が8427キロとなり、高速鉄道の営業距離が1万6000キロに達し、世界の高速鉄道の60％強を占めるようになった。

理由：（　　　　　　　　　　　　　　　　　　　　　　　　）

13　以下の二つの文から、よりわかりやすい、自然だと思うものをお選びください。（　　）

A　わが国の経済発展は新常態（ニューノーマル）に入り、「坂を登り峠を越える」べき重要な段階を迎え、体制・仕組み上の弊害と構造的な矛盾が「行く手を阻む虎」と化している。

B　わが国の経済発展は新常態（ニューノーマル）に入り、非常に肝心な段階を迎え、体制・仕組み上の弊害と構造的な矛盾が障害となっている。

理由：（　　　　　　　　　　　　　　　　　　　　　　　　）

14　以下の二つの文から、よりわかりやすい、自然だと思うものをお選びください。（　　）

A　個人と企業は、果敢に起業・革新に挑む必要がある。社会全体は、起業・革新の文化を厚く育む必要がある。こうすることにより、人々が富を築くなかで、よりよく自己実現できるようにしなければならない。

B　個人と企業は、果敢に起業・革新に挑む必要があり、社会全体は、起業・革新の文化を厚く育む必要があり、人々が富を築くなかで、よりよく自己実現できるようにしなければならない。

理由：（　　　　　　　　　　　　　　　　　　　　　　　　）

15 以下の二つの文から、よりわかりやすい、自然だと思うものをお選びください。（　　　）

A 輸出割戻し税分担の仕組みをより完全なものにし、2015年度より増分は中央財政が全額負担することとし、地方と企業の負担を確実に軽減する。

B 輸出割戻し税分担の仕組みをより完全なものにし、2015年度より増分は中央財政が全額負担することとし、地方と企業に「鎮静剤」を飲ませる。

理由：（　　　　　　　　　　　　　　　　　　　　）

16 以下の二つの文から、よりわかりやすい、自然だと思うものをお選びください。（　　　）

A スモッグの発生範囲が拡大するなど、環境汚染の問題が際立っているが、これは大自然が粗放型発展に対して点した赤信号である。

B スモッグの発生範囲が拡大するなど、環境汚染の問題が際立っているが、これは大自然が粗放型発展に対する警告である。

理由：（　　　　　　　　　　　　　　　　　　　　）

17 以下の二つの文から、よりわかりやすい、自然だと思うものをお選びください。（　　　）

A 広範な公務員、とくに指導幹部は、<u>あくまでも</u>人民のために発展と福祉をはかることを最大の責務とし、<u>あくまでも</u>現代化建設の使命を双肩に担い、<u>あくまでも</u>人々の暮らしと気持ちを心に留めなければならない。

B 広範な公務員、とくに指導幹部は、<u>あくまでも</u>人民のために発展と福祉をはかることを最大の責務とし、<u>始終</u>現代化建設の使命を双肩に担い、<u>最後まで</u>人々の暮らしと気持ちを心に留めなければならない。

理由：（　　　　　　　　　　　　　　　　　　　　）

附録　中国『政府活動報告書』日訳文の日本人読者アンケート

18　一つの文に、知らない単語がいくつ出てくると、読む気にならなくなると思いますか。（　　）

　A　1つ　B　2つ　C　3つ　D　4つ　E　5つ　F　（ご記入＿＿＿）

◇ここまでご回答いただき、大変ありがとうございました！

もしご興味とお時間があれば、添付の2015年『政府活動報告書』日訳文をざっと読んで、全体的な印象をお聞かせいただけたら、大変ありがたく存じます。

1　内容の分かりやすさ（　　）

　A　全然わからない　B　ややわからない　C　まあまあわかる　D　わかりやすい

　E　非常にわかりやすい

2　文章の流暢さ　（　　）

　A　非常に悪い　B　やや悪い　C　まあまあ　D　流暢　D　非常に流暢（ネイティブ並み）

3　日本語の自然さ（　　）

　A　非常に不自然　B　やや不自然　C　まあまあ　D　自然　D　ネイティブ並み

4　文章の読みやすさ（　　）

　A　非常に読みづらい　B　やや読みづらい　C　まあまあ　D　読みやすい　E　非常に読みやすい

5　訳文について、もし気になるところや、ご意見がございましたら、どんなことでもよいので、ぜひお教えください。

_____

_____

_____

基于功能翻译理论的中央文献对外翻译研究
——以《政府工作报告》日译为例

后 记

本书以笔者于 2016 年 6 月提交的博士后工作报告为基础，结合最新动态修改后成形。部分内容先后在《日语学习与研究》《天津外国语大学学报》《中译外研究》等外语类重要期刊或论文集上公开发表。笔者曾在天津外国语大学举办的"首届中央文献翻译与研究论坛"、中国翻译协会与北京第二外国语学院主办的"2015 全国日语 MTI 教学研讨会"、大连外国语大学举办的"第二届中央文献翻译与研究论坛"等研讨会上宣读部分成果。

本书能够问世，首先要感谢博士后导师、天津外国语大学校长修刚教授。2013 年 4 月，幸得修老师认可，笔者得以迈入翻译学的高层次学术研究之门。从选题到完成报告的全过程中，修老师在百忙之中抽出时间，悉心指导，使我受益匪浅。

感谢天津外国语大学王铭玉教授、陈大亮教授等在翻译学相关理论学习中的指导与帮助。感谢中央编译局文献部杨雪冬与卿学民两位主任的亲切关怀与指点，不仅为笔者的研究创造诸多有利条件，还给予许多宝贵意见。感谢中央编译局文献部郭勰处长等诸位译者，不仅积极配合访谈，还给予诸多有益建议，为研究提供诸多素材与宝贵资料。

感谢西安交通大学李国栋副教授、天津外国语大学罗丽杰副教授等诸位老师，西安交通大学、天津外国语大学在日留学的诸位同学帮忙发放并回收调查问卷；感谢《人民中国》杂志社为配合调查的日本受众提供谢礼；感谢所有协助访谈与问卷调查的日本友人。

感谢北京外国语大学日本学研究中心徐一平教授等诸位专家在出站答辩时认真评阅并给出宝贵、详尽的修改建议。

感谢北京人文在线公司的范继义编辑在书稿编撰过程中提出宝贵

意见，并为本书出版尽心尽力。

感谢家人的理解与全力支持。

最后，谨将此书献给家族中最坚定地支持笔者求学以及走上学术研究之路的慈爱的外祖父蒋述星。2016年5月，笔者刚完成博士后出站报告时，外祖父因癌症复发去世。笔者因路途遥远，教学与科研工作繁忙，未能在外祖父最后的日子里陪伴尽孝，万分愧疚。望以此书略微告慰外祖父在天之灵。